M. K. H. Heuser

Zahn-, Mund- und Kieferheilkunde

CompactLehrbuch

2. Auflage

Zahn-, Mund- und Kieferheilkunde

CompactLehrbuch

Michael K. H. Heuser, Düsseldorf

unter Mitarbeit von
E.-D. Voy, Hattingen

Zweite Auflage

Schattauer

Anschriften der Autoren:

Dr. med. Dr. med. dent. Michael K. H. Heuser
Oberarzt an der Abteilung für Zahnärztliche Prothetik
Zentrum für Zahn-, Mund- und Kieferheilkunde
Westdeutsche Kieferklinik der Universität Düsseldorf
Moorenstraße 5, D-40225 Düsseldorf

Prof. Dr. med. Dr. med. dent. E.-D. Voy
Chefarzt, Abteilung Zahn-, Mund-, Kiefer- und plastische
Gesichtschirurgie, Evangelisches Krankenhaus Hattingen,
Bredenscheider Straße 54, D-45525 Hattingen

Die Deutsche Bibliothek – CIP-Einheitsaufnahme

Zahn-, Mund- und Kieferheilkunde : CompactLehrbuch / von
Michael K. H. Heuser. Unter Mitarb. von E.-D. Voy. – 2. Aufl.
– Stuttgart ; New York : Schattauer, 1993
ISBN 3-7945-1577-3
NE: Heuser, Michael K. H.; Voy, Ernst-Dieter

Printed in Germany
Druck und Bindung: Allgäuer Zeitungsverlag, Kotterner Straße 64,
D-87435 Kempten/Allgäu

ISBN 3-7945-1577-3

Geleitwort

Das vorliegende CompactLehrbuch der Zahn-, Mund- und Kieferheilkunde soll keines der Lehrbücher für das Studium der Zahnheilkunde ersetzen und kann somit auch die Studierenden nicht von ihrem Studium entbinden. Es stellt vielmehr das komprimierte Basiswissen für das Studium der Zahnheilkunde dar, um dem Studierenden Berater während seines Studiums und Hilfe zur Prüfungsvorbereitung zu sein.

Die Idee, ein solches CompactLehrbuch zu schreiben, ergab sich aus der Beobachtung, daß viele Studenten das nach der Prüfungsordnung erforderliche Wissen vielfach nicht besitzen und insbesondere nicht in der Lage sind, klinische Begriffe klar zu definieren.

So entstand ein CompactLehrbuch, das dem Studenten so kurz wie möglich und so einprägsam wie nötig die Grundlage der klinischen Zahnheilkunde für das Studium und für die Prüfungen vermitteln soll. Das CompactLehrbuch soll dem Studenten helfen, die geforderten Nachweise für das unbedingt notwendige Wissen zu erarbeiten und zu repetieren. Er kann sich gezielt auf seine Prüfungen vorbereiten und seinen Wissensstand überprüfen, so daß er letzten Endes mit gutem Wissen und somit gutem Gewissen sicher seine Prüfung bestehen kann.

Da ein derartiges Repetitorium für den Studenten seine Berechtigung hat und eine wertvolle Studienhilfe sein kann, begrüße ich es, daß Herr Dr. med. Dr. med. dent. HEUSER dieses Buch mit viel Mühe in lebendigem Zusammenwirken von Lehrern, Prüfern und Studenten verfaßt hat, und wünsche diesem Buch den verdienten Erfolg.

Prof. Dr. H. Böttger

Vorwort zur 2. Auflage

Die erste Auflage des Repetitoriums hat im Kreise der Lehrenden und Lernenden eine erfreuliche Aufnahme gefunden. Da die Funktion des Buches über die eines reinen Repetitoriums doch hinausgeht, darf der neue – auch zeitgemäßere Titel – **CompactLehrbuch der Zahn-, Mund- und Kieferheilkunde** als angemessener angesehen werden.

Die Beurteilung des Repetitoriums durch die Hochschullehrerschaft ergab eine erfreulich geringe Fehlerquote des Buches. Allerdings wurde häufig und zu Recht ein fehlendes Sachwortverzeichnis bemängelt. Mit dieser neuen Ausgabe wurde diesem Mangel Abhilfe geschaffen.

Für weitere fachliche Kritik und Verbesserungsvorschläge bin ich stets dankbar und aufgeschlossen.

Neuss, Sommer 1993 Dr. Dr. Michael K. H. Heuser

Vorwort zur 1. Auflage

Mit dem vorliegenden Repetitorium der Zahn-, Mund- und Kieferheilkunde soll der Lehrstoff, der für alle klinischen Fächer der Zahnheilkunde das unerläßliche Basiswissen darstellt, in möglichst kompakter und übersichtlicher Form dargeboten werden. Der besondere Wert des Buches liegt somit in der systematischen Aufbereitung des umfangreichen Lehrstoffes.

Die Studenten sollen nach Erarbeitung des Lehrstoffes in Vorlesungen und Kursen sowie mit Hilfe bewährter Lehrbücher, in die Lage versetzt werden, das bisher angeeignete Wissen zu überprüfen und gegebenenfalls Wissenslücken zu schließen.

Auch nach dem Studium kann das Repetitorium dem Zahnarzt ein rasch zugängliches Nachschlagewerk sein.

Michael K. H. Heuser

Inhaltsverzeichnis

Medizinische Begriffe

Abszeß	Eiter in einer nicht vorgebildeten, krankhaften, allseitig geschlossenen Höhle
Akantholyse	Auflösung der Stachelzellschicht der Haut
Akanthose	Verlängerung der Epithelzapfen
Atopie	Lokale Überempfindlichkeit bei erstem Antigenkontakt
Aphthe	Erosion mit festhaftenden Pseudomembranen und mit hochroter Randzone
Blase	Flüssigkeitsansammlung innerhalb oder unterhalb des Epithels
Branchiogen	Von den Kiemenbögen ausgehend
Chemosis	Bindehautschwellung und -entzündung
Dentikel	Dentinähnliches Hartgewebe im Pulpenkavum
Desquamation	Ablösung der obersten verhornten Epidermisschicht
Dilazeration	Zerreißung
Duktuszyste	Vom Epithel embryonaler Gänge ausgehende Zyste
Emphysem	Aufblähung durch Gase oder Luft
Enulis	Granulationsgeschwulst zentral im Kiefer
Epheliden	Sommersprossen
Epulis	Granulationsgeschwulst peripher am Kiefer
Erosion	Substanzverlust des Schleimhautepithels, heilt ohne Narbe

Fissurale Zyste	Von Epithelresten embryonaler Gesichtsspalten ausgehende Zyste
Follikulitis	Entzündung der Haarbälge der Haut
Fungöse Zyste	Schwammige (radikuläre) Zyste
Furunkel	Tiefe Entzündung sowie eitrige Einschmelzung des Haarbalges
Hämatom	Bluterguß im Unterhautzellgewebe
Hamartie	Gewebsfehlbildung als Entwicklungsstörung
Hamartom	Fehlbildung von Geschwulstcharakter, aber keine echte Geschwulst
Idiosynkrasie	Angeborene Überempfindlichkeit
Infiltrat	Im Gewebe entstandene und gelagerte Substanzen (Lymphozyten, Leukozyten, Plasmazellen, Mastzellen, Histiozyten)
Karbunkel	Konfluieren von Furunkeln
Kausalgie	Brennender Schmerz
Lentigo	Linsengroßer Pigmentfleck (Leberfleck)
Makula	Umschriebener Fleck von anderer Farbe oder Konsistenz
Marsupialisation	Zysteneinnähung (veraltete Methode)
Mesenchym	Embryonales Bindegewebe aus dem Mesoderm (Bindegewebe, Gefäße, Blut, Lymphorgane)
Myxödem	Gedunsene Haut, z. B. bei Hypothyreose (Schilddrüsenunterfunktion)
Naevus	Muttermal
Neuralgie	Sensible Reizerscheinung im Versorgungsgebiet eines Nerven

Noma	Wangenbrand (schwerste Form der Stomatitis ulcerosa)
Okklusionszyste	Aus einem nicht eröffneten Rezessus der Kieferhöhle ausgehende Zyste
Parenchym	Die für ein Organ charakteristischen Gewebeelemente
Parulis	Schwellung im Kieferbereich
Petechien	Punktförmige Hautblutungen
Phakomatose	Angeborenes erbliches Leiden mit Befall von Haut und ZNS (naevusartige Mißbildungen)
Phlegmone	Flächenhafte, nicht abgegrenzte Entzündung
Präkanzerose	Atypisches Epithelwachstum
Prosopalgie	Nicht neuralgiformer Gesichtsschmerz
Pyodermie	Eitrige Hauterkrankung durch Staphylokokken und Streptokokken
Resektion	Ausschneiden eines Teils aus einem Ganzen
Saprophyt	Organismus, der sich auf organischem und anorganischem Material vermehren kann
Spicula	Knochenspitze
Suffusion	Ausgedehnte oberflächliche Blutung
Sugillation	Oberflächlicher Bluterguß
Teleangiektasie	Einfache Gefäßerweiterung
Triangulation	Dreieckige alveoläre Knochenresorption auf der Druckseite
Trichophytie	Pilzerkrankung der Haut
Totenlade	Wall neugebildeten Knochens um einen Sequester (abgestorbenes Knochenstück)

Ulkus	Tiefer, bis ins Bindegewebe oder weiter reichender Gewebedefekt
Vitiligo	Pigmentfreie Hautflecken mit hyperpigmentiertem Rand
Zyste	Hohlraum aus Bindegewebssack, Epithel und Flüssigkeit

Syndrome – Eigennamen

M. Abt-Letterer-Siwe	Form der Histiozytosis X (akute Säuglingsretikulose)
M. Addison	Nebennierenrindeninsuffizienz
M. Albers-Schönberg	Marmorknochenkrankheit
Albright-Syndrom	Osteodystrophia fibrosa disseminata
Ascher-Syndrom	Blepharochalasie, Makrocheilie und Struma
Bednar-Aphthe	Verletzungsbedingte, sekundär entzündliche Mund-Schleimhaut-Affektion
M. Behçet	Rezidivierende Aphthen und chronische Iridozyklitis
Bell-Parese	Idiopathische Fazialisparese
Bell-Phänomen	Weiße Skleren bei peripherer Fazialisparese
Bing-Horton-Syndrom	Halbseitiger Kopfschmerz, Rötung und Miosis
M. Boeck	Sarkoidose (bei Lymphogranulomatose)
Bonnet-Haltung	Schonhaltung: Unterkiefer nach vorne und zur gesunden Seite bei Arthritis
M. Bourneville-Pringle	Adenoma sebaceum, Talgdrüsennaevi und Fibrome
M. Bowen	Idiopathische Präkanzerose: Stachelzellkarzinom bei intakter Basalzellschicht
M. Brill-Symmers	Großfollikuläres Lymphoblastom
Burkitt-Tumor	Lymphoblastisches Lymphosarkom
Capdepont-Dysplasie	Dentinogenesis imperfecta
Chvostek-Zeichen	Fazialiszuckung beim Beklopfen der Wange bei Tetanie

Costen-Syndrom	Symptomenkomplex bei Kiefergelenkserkrankung: Schmerzen und Knacken der Gelenke, Schmerzen der Kiefermuskeln, Tinnitus, Vertigo, Metallgeschmack, Schmerzen an Hinterkopf, Rachen, Zunge, Ohr
M. Crouzon	Dysostosis craniofacialis
M. Cushing	Nebennierenrindenüberfunktion
M. Dubreuilh	Präkanzeröse Melanose
Fox-Fordyce-Drüsen	Heterotope Talgdrüsen
Franceschetti-Syndrom	Dysostosis mandibulofacialis
Frey-Syndrom	Aurikulotemporales Syndrom
M. Garré	Sklerosierende Osteomyelitis
Gerber-Wulst	Zystische Schwellung des Nasenbodens
M. Gaucher	Lipoidspeicherkrankheit
M. Hand-Schüller-Christian	Form der Histiozytosis X: Lipoidgranulomatose
Heerfordt-Syndrom	Sarkoidose (epitheloidzellige Granulomatose): Symmetrische Schwellung der Speichel und Tränendrüsen und Uveitis
Henning-Syndrom	Glossitis areata linguae
Herbst-Odontoid	Mesiodens
Herlitz-Syndrom	Epidermolysis bullosa hereditaria
M. Hippel-Lindau	Multiple Hämangiome in Kleinhirn, ZNS, Retina
M. Hodgkin	Lymphogranulomatose
Hunt-Neuralgie	Fazialisneuralgie
M. Jaffé-Lichtenstein	Osteofibrosis deformans iuvenilis
Karposi-Sarkom	Tumoröse, multizentrische Angiomatose (bei AIDS möglich)
Kasabach-Merritt-Syndrom	Benigne Riesenhämangiome, Thrombozytopenie und hämorrhagische Diathese

M. Kaschin-Beck	Hemmung der enchondralen Ossifikation
Kleestadt-Zyste	Naseneingangszyste
Klippel-Feil-Syndrom	Hohe Spina bifida und Froschhals
Koplik-Flecken	Masern auf der Wangenschleimhaut
Küttner-Tumor	Sialadenitis pseudoneoplastica
M. Lobstein	Osteogenesis imperfecta
Low-resistance-Syndrom	ANUG bei Agranulozytose, Leukämie
Melkersson-Rosenthal-Syndrom	Granulomatose mit Trias: Gesichtsschwellung, einseitige Fazialisparese und Faltenzunge
Miescher-Syndrom	Cheilitis granulomatosa
Mikulicz-Syndrom	Speicheldrüsenschwellung bei Leukämie, Lymphogranulomatose
Möller-Hunter-Glossitis	Papillenatrophie der Zunge bei perniziöser Anämie, Sprue, Pellagra
Nikolski-Phänomen	Ablösbarkeit der Epidermis auf Druck bei Pemphigus
M. Osler	Telangiektasia hereditaria haemorrhagica
M. Paget	Ostitis deformans
Parrot-Furchen	Lippenrhagaden bei Lues connata
Perlèche	Faulecken
M. Peutz	Pigmentflecken der Mundschleimhaut und intestinale Polyposis
Pfaundler-Hurler-Syndrom	Dysostosis multiplex
PHC-Syndrom	Praematura capitis, Hyperhidrosis und Aplasie der Prämolaren
Pierre-Marie-Syndrom	Akromegalie
Pierre-Robin-Syndrom	Mikrogenie, Glossoptose und Gaumenspalte
Plummer-Vinson-Syndrom	Zungenbrennen bei chronischer Fe-Mangelanämie

Pseudo-Paget	Osteomyelitis sicca
Quincke-Ödem	Subkutanes Ödem
Radstoff-Zeichen	Rhombische Flecken an Zunge und Rachen bei Gastritis
M. Recklinghausen	Osteodystrophia generalisata
M. Schoenlein-Henoch	Purpura anaphylactica durch Antigen-Antikörper-Reaktion auf hämolysierende Streptokokken
Seeligmüller-Neuralgie	Beidseitige Neuralgie des N. aurikulotemporalis bei Lues
Sicard-Syndrom	Neuralgie des N. glossopharyngeus
Sjögren-Syndrom	Primär chronische Polyarthritis, Xerostomie und Keratokonjunktivitis
M. Sluder	Neuralgie des Ganglion pterygopalatinum
Stevens-Johnson-Syndrom	Erythema exsudativum multiforme
M. Sturge-Weber	Naevus flammaeus der Haut und Teleangiektasien in ZNS und Retina
Trousseau-Zeichen	Pfötchenstellung bei Tetanie
Vincent-Syndrom	Lähmung des N. alveolaris inf.
M. Waldenstroem	Immunozytom
M. Werlhoff	Allergische thrombozytopenische Purpura
Whartins-Tumor	Adenolymphom
M. v. Willebrand-Jürgens	Thrombozythopathie und Faktor-VIII-Mangel (Pseudohämophilie)
M. Winniwärter-Bürger	Endangiitis obliterans

Karies

Definition:

Zahnfäule und lokalisierte Demineralisation der Zahnhartsubstanz mit Auflösung der organischen Matrix durch Mikroorganismen der Mundhöhle

Faktoren:

Wirt: Zahn
Substrat: Niedermolekulare Kohlenhydrate
Zeit
Plaque

Pathologie:

Orale Aufnahme vergärbarer Kohlenhydrate
Mikroorganismen bilden:
Organische Säuren
Polysaccharide
Plaque
Mangelhafte Plaqueentfernung → Entmineralisierung der Zahnhartsubstanz

Theorien:

I. Chemisch-bakteriologische Theorie
1. Chemoparasitäre
2. Proteolytische
3. Endogen-proteolytische
4. Chelation

II. Glykogentheorie

III. Enzymologische Theorie
1. Endogen-pulpogene Phosphatase
2. Phosphatase
3. Sulfatase
4. Protease

IV. Elektrophysikalische Theorie
1. Korrosionstheorie
2. Resistenztheorie
3. Donnan-Effekt

Ablauf der Karies:

Läsion des Zahnoberhäutchens
Caries incipiens (Schmelz)
Caries media (Dentin)
Caries profunda (pulpanahes Dentin)

Arten der Karies:

Schmelzkaries
Dentinkaries
Zementkaries

Parodontopathien

Definition: Alle Erkrankungen des Parodontiums unter Ausschluß der nach Pulpanekrose entstandenen Parodontitis apicalis

Formen:

Entzündliche Form:
Gingivitis acuta
Gingivitis chronica
Parodontitis superficialis
Parodontitis profunda

Atrophische Form: Gingivaatrophie (Recessus)

Hyperplastische Form:
Gingivahyperplasie (Fibromatosis)
Epulis

Pathologie:
Ablagerung einer Mukoproteinschicht auf dem Zahn →
Bildung eines Pellikels (Schmelzoberhäutchen) →
Vergärung von Saccharose durch aerobe Bakterien zu Glukanen →
Anaerobe Bakterien führen zur Bildung von Enzymen und Toxinen →
Auflösung der Kollagenstruktur und Zelltod →
Aktivierung der körpereigenen Abwehr →
Verlust gingivalen Bindegewebes und Knochens

Ätiologie:

Weski-Trias:

Lokale Faktoren:	1. *Bakteriell:* Plaque Materia alba 2. *Mechanisch:* Zahnstein Konkremente Überstehende Kronen und Füllungsränder 3. *Anatomisch:* Mundatmung Zahnstellung Hoch ansetzende Lippen- und Wangenbändchen
Funktionelle Faktoren:	Okklusions- und Artikulationsstörungen
Endogene Faktoren:	1. *Hormone* Pubertät Gravidität Klimakterium 2. *Stoffwechsel:* Diabetes mellitus Leberfunktionsstörungen Knochenstoffwechselstörungen Hyperthyreoidismus 3. *Hämatopoese:* Leukosen Aplastische Anämie Agranulozytose 4. *Vitamine:* Mangel Malabsorption 5. *Pharmaka:* Antiphlogistika 6. *Genetik*

Taschen:

Echte Taschen:	Supraalveolär Horizontaler Knochenabbau Tiefenwachstum des Epithelansatzes Gingivitis
Knochentaschen:	Intraalveolär Horizontaler und vertikaler Knochenabbau Tiefenwachstum des Epithelansatzes
Pseudotasche:	Hyperplastische Gingiva Kein Knochenabbau
Dehiszenzen:	Entzündungsfreie, freiliegende, vestibuläre Wurzelflächen durch nutritive Mängel
Mc-Call-Girlande:	Gingivahyperplasie durch Zahndrehung bei der Lateralbewegung

Therapie:

1. Vorbehandlung:	Zahnstein und Konkremente beseitigen Füllungs- und Kronenränder anfinieren Hygienemotivation Kontrollen
2. Funktionstherapie:	Okklusale Interferenzen beschleifen Okklusion und Artikulation einschleifen Temporäre Schienungsmaßnahmen
3. Lokalbehandlung:	Kürettage Gingivoplastik Gingivektomie Lappenoperation Mukogingivale Chirurgie

Unspezifische Entzündungen

Parodontitis apicalis

Parodontitis apicalis acuta

Ätiologie:
Primär nach:
Pulpitis
Wurzelkanalbehandlung
Sekundär nach:
Primär chronischer Parodontitis

Symptome:
Dauerschmerzen
Perkussionsempfindlichkeit
Zahn wirkt länger
Kollateralödem
Zahn locker

Röntgen:
Ab 2. Woche diffuse apikale Aufhellung

Differentialdiagnose:
Akute Pulpitis
Osteomyelitis

Therapie:
Trepanation oder Schröder-Lüftung
später
Extraktion oder Wurzelfüllung und Wurzelspitzenresektion

Parodontitis apicalis chronica

Definition:
Proliferative und granulierende Entzündung durch Bakterien aus dem Wurzelkanal

Symptome:
Schmerzen bei Exazerbation

Röntgen:	Apikale Aufhellung Parodontalspalt scharf, aber verbreitert Evtl. Verschattung (bei sklerosierender apikaler Parodontitis)
Differentialdiagnose:	Foramen mentale Spongiosalakunen Nichtdentogene Zysten Tumor
Therapie:	Extraktion und Kürettage oder Wurzelfüllung und Wurzelspitzenresektion

Dentitio difficilis

Definition:	Akute Form einer perikoronaren Entzündung
Ätiologie:	Gingiva nicht fest mit Periost verbunden Schlupfwinkelinfekt mit Ulkus unter Schleimhauttasche
Symptome:	Rubor, Tumor, Calor und Dolor der Gingiva Eiter entleert sich aus Tasche Kieferklemme (M. pteryg. med.) Submandibuläre und zervikale Lymphknoten ↑ Temperatur ↑
Röntgen:	Halbmondförmige, scharfe, distale Aufhellungen Parodontalspalt breiter
Therapie:	Tgl. H_2O-Spülung und Chlumski-Streifen

Wenn *Eiter:* Inzision
Wenn *Fieber:* Antibiotikum

Differentialdiagnose: Abszeß
Parapharyngealer Infekt
Tonsillitis

Abszesse

Allgemeine Abszeßformen

Seröse Weichteilentzündung

Symptome: Weiche, teigige Schwellung, die langsam verhärtet
Kaum Schmerzen

Therapie: Kühle, feuchte Verbände
Trepanation des schuldigen Zahnes
Extraktion oder Wurzelfüllung und Wurzelspitzenresektion

Subperiostaler Abszeß

Symptome: Verhärtung im Zentrum der Entzündung
Eiter subperiostal
Starke Schmerzen (Periost gespannt)
Kollaterales Weichteilödem

Therapie: Inzision und Streifen (Drainage), später
Extraktion oder Wurzelfüllung und Wurzelspitzenresektion

Submuköser Abszeß

Pathologie: Durch apikale Entzündung devitaler Zähne, marginale oder perikoronare Entzündung

Symptome:
Schwellung der Umschlagfalte
Fluktuation
Rötung
Kollaterales Weichteilödem
Nachlassende Schmerzen (Abfluß des Eiters)
Lymphknoten ↑

Therapie:
Inzision und Streifen, später
Extraktion oder
Wurzelfüllung und Wurzelspitzenresektion

Taschenabszeß

Definition: Marginale Eiterbildung

Pathologie: Durch fortgeleitete chronische apikale Parodontitis oder chronische marginale Parodontitis

Symptome:
Kugelige Schwellung am Alveolarfortsatz
Rötung
Eiter am Gingivarand
Fluktuation
Zahn locker

Therapie: Extraktion oder Lüftung des Gingivarandes (Raspa)

Perikoronarer Abszeß

Lokalisation: Unterkiefer-8

Pathologie: Mangelnder Sekretabfluß bei Dentitio difficilis

Symptome: Halbkugelig geschwollene und rote Gingiva
Eiter auf Druck
Schmerzen

Therapie: Breite Inzision, später Extraktion

Oberkieferabszesse

Palatinaler Abszeß

Lokalisation: Zwischen Periost und Weichteildecke des harten Gaumens

Pathologie: Ausgehend von Wurzeln der seitlichen Incisivi
oder palatinalen Wurzeln der Seitenzähne

Symptome: Diffuse Schwellung und Schmerzen →
Kuppelförmige, prallelastische, dunkelrote Schwellung

Therapie: Inzision (parallel zur Zahnreihe, 4 mm von Gingiva entfernt)

Differentialdiagnose: Zyste
Tumor

Nasenboden- und Nasenseptumabszeß

Lokalisation: Zwischen knöchernem Nasenboden und Nasenschleimhaut (NBA)
Auf beiden Seiten der Nasenscheidewand (NSA)

Pathologie: Von Wurzeln der oberen Incisivi

Symptome: *NBA:*
Kuppelförmige Vorwölbung der Nasenbodenschleimhaut
NSA:
Doppelseitige Schwellung des Septums

Differentialdiagnose: Furunkel

Therapie: Inzision (von der Nase aus)

Abszeß der Fossa canina

Lokalisation: Oberhalb der Umschlagfalte in der Fossa canina

Pathologie: Von Wurzeln der oberen Frontzähne (bes. 3)

Symptome: Derbe Schwellung infraorbital
Nasolabialfalte verstrichen
Oft Umschlagfalte verstrichen

Komplikationen: Thrombophlebitis der V. angularis →
Sinus-cavernosus-Thrombose

Therapie: Stationär:

Inzision (im Vestibulum oder in Nasolabialfalte)

Retromaxillärer Abszeß

Lokalisation:

Ventral: Tuber maxillae
Dorsal: Proc. pterygoideus und Flügelmuskeln
Lateral: Proc. muscularis mandibularis
Medial: Flügelgaumengrube
Kranial: Fossa infratemporalis
Kaudal: Parapharyngealraum

Pathologie:

Wurzeln der Oberkiefer-7 und -8
Osteomyelitis

Symptome:

Geringe äußere Schwellung (Jochbogen)
Kieferklemme
Rötung und Schwellung der Schleimhaut dorsal der Crista zygomatico-alveolaris

Ausbreitung:

Flügelgaumengrube → Orbita
Wange
Parapharyngeal
Pterygomandibulär
Masseterikomandibulär
Periartikulär
Infratemporal → temporal

Therapie:

Stationär:
Inzision (Umschlagfalte Crista zygomatica bis Tuber oder extraoral: submandibulär hinter Fazialisgefäßen)
Obligat:
Hochdosiertes Antibiotikum

Unterkieferabszesse

Submandibulärer Abszeß

Lokalisation:

Untere Nische:
Kranial-medial: M. mylohyoideus
Kranial-lateral: Unterkiefer-Innenseite
Kaudal-medial: M. biventer
Kaudal-lateral: Fascia colli superfic.
Obere Nische:
Kranial: Dorsale Mundbodenschleimhaut
Medial: M. hyo- und styloglossus
Lateral: Unterkiefer
Kaudal: M. mylohyoideus

Pathologie:

Von Molaren > Prämolaren des Unterkiefers
Von sublingual, submental, Gl. submandibularis

Symptome:

Mit Unterkiefer-Innenseite verbakkene Schwellung bis zum Zungenbein, M. sternocleido., submental
Kieferklemme
Dorsaler Mundboden geschwollen und rot

Ausbreitung:

Parapharyngeal
Sublingual
Submental
Wange
Karotisdreieck

Therapie:

Submandibuläre Inzision vor den Fazialisgefäßen

Perimandibulärer Abszeß

Lokalisation: Lateral des Unterkiefers um den Unterkieferrand herum

Pathologie: Molaren $>$ Prämolaren $>$ Eckzahn des Unterkiefers

Symptome: Schwellung der unteren Wange
Unterkieferrand nicht durchtastbar
Intraoral kaum Schwellung
Kieferklemme (bei distaler Lokalisation)

Ausbreitung: Submandibulär → parapharyngeal
Osteomyelitis

Therapie: Stationär:
Inzision (extraoral: 2 Finger breit parallel neben dem Unterkieferrand)

Sublingualer Abszeß

Lokalisation: Kranial: Mundbodenschleimhaut
Lateral: Unterkiefer
Medial: M. geniohyoideus und genioglossus
Kaudal: M. mylohyoideus

Pathologie: Unterkiefermolaren
Submandibulär

Symptome: Wölbung und Röte der Mundbodenschleimhaut
Walzenförmige Plica sublingualis
Zunge zur gesunden Seite gedrängt
Kloßige Sprache

Ausbreitung: Sublingualraum der anderen Seite
Submandibulär
Parapharyngeal
Zunge

Therapie: Inzision (intraoral: parallel zur Zahnreihe, extraoral: submandibulär)

Kinnabszeß

Lokalisation: Ventral dem Unterkiefer aufsitzend

Pathologie: Untere Frontzähne
Furunkel, Karbunkel

Symptome: Derbe, nicht verschiebliche Schwellung in Unterkiefer-Mittellinie
Haut glänzend rot
Lippen-Kinn-Furche nach oben verschoben
Unterkieferrand nicht durchtastbar
Evtl. Schwellung im Vestibulum

Therapie: Inzision (anfangs: im Vestibulum, später: bogenförmig eine Fingerbreite dorsal des Kinnrandes)

Masseterikomandibulärer Abszeß

Lokalisation: Medial: M. buccinatorius
Dorsokaudal: Masseteransatz an Unterkiefer
Lateral: Wange

Pathologie: Unterkiefermolaren
Retromaxillär, Wangenabszeß, perimandibulär

Symptome: Masseter derb geschwollen
Unterkiefer meist nicht tastbar
Mundöffnung ↓
Röte und Schwellung der dorsalen Wangenschleimhaut

Ausbreitung: Wange
Retromaxillär
Parotisloge

Therapie: Inzision (extraoral: unterhalb des Kieferwinkels)

Pterygomandibulärer Abszeß

Lokalisation: Kranial: Infratemporaler und retromaxillärer Raum
Lateral: Unterkiefer
Medial: M. pteryg. med.
Dorsal: Parotisloge
Ventral: Wange
Kaudal: Ansatz des M. pteryg. med. am Unterkiefer

Pathologie: Unterkiefer-8 > andere Molaren des Unterkiefers
Spritzenabszeß
Retromaxillär

Symptome: Kieferklemme
Druckschmerzen am Kieferwinkel und retromandibulär
Vorwölbung des Gaumensegels
Schluckbeschwerden

Ausbreitung: Parotisloge
Parapharyngeal
Infratemporal
Flügelgaumengrube

Therapie: Inzision (2-Finger-breit unterhalb des Unterkieferrandes)

Submentaler Abszeß

Lokalisation:
Kranial: M. mylohyoideus
Kaudal: Fascia colli superficialis Platysma
Dorsal: Zungenbein
Lateral: M. biventer

Pathologie:
Unterer Frontzahn
Sublingual, submandibulär

Symptome:
Derbe Schwellung in Mittellinie unter dem Kinn
Vorderfläche des Kinns tastbar
Mundboden angehoben

Therapie: Inzision (bogenförmig parallel zum Unterkieferrand)

Zungenabszeß

Lokalisation:
Zungenkörper oder -grund
Kaudal:
Zungenbein, M. mylohyoideus
Lateral:
M. geniohyoideus und genioglossus

Pathologie:
Untere Inzisivi
Sublingual

Symptome:
Schwellung der Zunge und des Mundbodens
Kloßige Sprache
Kollaterales Glottisödem

Ausbreitung: Sublingual

Therapie:

Zungenkörper:
Inzision (sagittal am Zungenrand)
Zungengrund:
Stationäre Inzision (extraoral, submental)

Abszesse im Kopfbereich

Paratonsillärer Abszeß

Lokalisation:

Vorderer Gaumenbogen zwischen Schleimhaut und Pharynxmuskulatur

Pathologie:

Schlupfwinkelinfekt der Tonsille
Taschenabszeß bei Dentitio difficilis des Unterkiefer-8

Symptome:

Schwellung zwischen Tonsille und Weisheitszahn
Kieferklemme
Schluckbeschwerden

Therapie:

Tascheninzision

Wangenabszeß

Lokalisation:

Zwischen M. buccinatorius und mimischer Muskulatur

Pathologie:

Oberkiefer- und Unterkiefermolaren
Peri- und submandibulär, massetericomandibulär, parapharyngeal, retromaxillär

Symptome:

Derbe, peripher teigige Schwellung der Wange

Intraoral glasige Schwellung der Wangenschleimhaut
Vestibulum abgeflacht

Ausbreitung:
Submandibulär
Parotisloge
Masseterikomandibulär
Pterygomandibulär
Parapharyngeal
Retromaxillär
Infratemporal

Therapie:
Inzision stationär (intraoral: Umschlagfalte, extraoral: senkrecht in Wangenschleimhaut oder submandibulär)

Parapharyngealer Abszeß

Lokalisation:
Kranial: Schädelbasis
Medial: Pharynxmuskulatur
Dorsal: Recessus parastyloideus
Lateral: M. pterygoideus med.
Kaudal: Submandibularloge

Pathologie:
Unterkiefer-8
Submandibulär, retromaxillär

Symptome:
Kieferklemme
Druckschmerzen hinter dem aufsteigenden Unterkieferast
Gaumensegel rot und gewölbt
Uvula zur gesunden Seite
Schluckbeschwerden
Kloßige Sprache

Ausbreitung:
Retropharyngeal
Mediastinum
Recessus parastyloideus

	Karotisdreieck Parotisloge Retromaxillär Infratemporal
Therapie:	Stationär, Inzision (submandibulär vor den Fazialisgefäßen oder am Kieferwinkel)

Retropharyngealer Abszeß

Lokalisation:	Kranial: Schädelbasis Ventral: Hintere Pharynxwand Dorsal: Prävertebrale Faszie Kaudal: Mediastinum
Pathologie:	Parapharyngeal
Symptom:	Kieferklemme Druckschmerzen hinter aufsteigendem Unterkieferast Gaumensegel rot und gewölbt Uvula zur gesunden Seite Schluckbeschwerden Kloßige Sprache Röte und Schwellung der hinteren Pharynxwand Schmerzen und Beklemmung in der Brust
Therapie:	Inzision (extraoral: submandibulär am Kieferwinkel)

Abszeß der Parotisloge

Lokalisation:	Zwischen Unterkiefer-Hinterrand und M. sternocleidomastoideus

Pathologie: Parapharyngeal, pterygomandibulär, masseterikomandibulär, retromaxillär

Symptome: Druckschmerzen hinter dem aufsteigenden Unterkieferast

Therapie: Inzision (unterhalb und dorsal des Kieferwinkels)

Abszeß der Flügelgaumengrube und der Fossa infratemporalis

Lokalisation: Flügelgaumengrube: zwischen dorsaler Wand des Oberkiefers und großem Keilbeinflügel
Fossa infratemporalis: zwischen Jochbogen und großem Keilbeinflügel

Pathologie: Retromaxillär, parapharyngeal, pterygomandibulär

Symptome:

Fossa infratemporalis: Kollaterales Ödem oberhalb des Jochbogens
Verhärtung und Schmerzen an der Schläfe

Flügelgaumengrube: Orbitaödem und Lid geschwollen
Protrusio bulbi und Chemosis der Konjunktiven

Therapie: Inzision (parapharyngeal)

Temporalabszeß

Lokalisation: Zwischen M.-temporalis-Faszien

Pathologie: Fossa infratemporalis

Symptome: Temporale Schwellung

Therapie: Inzision (bogenförmig über M. temporalis)

Orbitaabszeß

Lokalisation: Orbita

Pathologie: Flügelgaumengrube
Nasennebenhöhlen

Symptome: Lidödem
Protrusio bulbi
Chemosis der Konjunktiven

Therapie: Inzision (Höhe des unteren Orbitarandes)

Trigonum-caroticum-Abszeß

Lokalisation: Kranioventral: M. biventer
Kranial: Recessus parastyloideus
Lateral: M. sternocleidomastoideus
Kaudoventral: M. omohyoideus

Pathologie: Submandibulär, parapharyngeal

Symptome: Schwellung seitlich am Hals
Druckschmerzen vorne am M. sternocleidomastoideus

Ausbreitung: Mediastinum

Komplikationen: Thrombophlebitis der V. iugularis

Therapie: Inzision (am Vorderrand des M. sternocleidomastoideus)

Phlegmone

Definition: Nicht abgegrenzte Entzündung

Erreger: Streptokokken

Symptome: Ödematös-sulzige Aufquellung
Starker Druckschmerz
Fieber

Therapie: Ausgedehnte Inzision
Hochdosiert Antibiotika

Sinusitis maxillaris

Ätiologie: Meist rhinogen oder dentogen
Selten hämatogen
Dentogen:
Chronisch apikale Parodontitis
Zysten
Extraktion

Pathologie: Formen:
Exsudativ
Hyperplastisch-proliferativ

Akute Sinusitis

Symptome: Neuralgiforme Beschwerden
Zahnschmerz ohne dentogenen Befund

	Druck- und Klopfschmerzen in der Fossa canina Einseitiger Schnupfen Schwellung und Röte der Nasenmuscheln Eitriges Sekret im mittleren Nasengang Schleimstraße an Rachenhinterwand
Röntgen:	Diffuse Verschattung der ganzen Kieferhöhle

Antrumempyem

Ätiologie:	Verlegung des Ausführungsganges
Symptome:	Schmerzen Fieber Kollaterales Ödem von Wange und Orbita
Röntgen:	Spiegelbildung

Chronische Sinusitis

Symptome:	Oft ohne Beschwerden Dumpfer Druck und Kopfschmerzen Verstopfte Nase Polypen im mittleren Nasengang Granulationspfropf bei Mund-Antrum-Perforation
Röntgen:	Randständige Verschattung
Komplikationen:	Ausbreitung in Siebbeinzellen Osteomyelitis Orbitaabszeß Meningitis Thrombophlebitis des Sinus cavernosus

Diagnose:
Palpation der Nervenaustrittspunkte
Antroskopie
Probatorische Punktion
Stumpfe Spülung

Differentialdiagnose:
Abszeß
Osteomyelitis
Zyste
Tumor
Trigeminusneuralgie

Therapie:

Akute dentogene Sinusitis:
Nasentropfen
Kamillendampfbad
Kieferhöhlenspülung
Antibiotikum
Operation

Chronische dentogene Sinusitis:
Ursache ausschalten (Extraktion, Wurzelspitzenresektion)
Nasentropfen
Modif. Operation nach CALDWELL-LUC

Osteomyelitis

Definition:
Entzündung des Knochenmarks mit Begleitostitis und -periostitis

Erreger:
Staphylokokken > Streptokokken

Ätiologie:
Odontogen:
Apikale, marginale, perikoronare Entzündung
Zahnextraktion
Nicht-odontogen:
Infizierte Zyste
Infizierte Kieferhöhle

sch. → Leukozyten → intermedulläre Druck → [illegible] → vask. Stör. → Nekrose des Markes → Einschmelzung → Eiterbildung → durch Gefäßbündel → Sp[illegible], Osteozyten
Aber nur das Knochenmark schmilzt, weil Leukozyten können die Knochen nicht [illegible] → kein [illegible] subperiostal abheben, angrenz. Z.

Weichteilabszeß
Lokalanästhesie
Röntgenstrahlen
Kieferfraktur

Hämatogen:
Angina, peritonsillärer Abszeß
Furunkel
Panaritium

Pathologie:

Exsudative Phase:
Nekrose und Resorption
Demarkation abgestorbenen Knochens
Peripherer Knochenanbau

Akute Form:

Seröse, dann eitrige Durchtränkung des Knochenmarks
Zentrale Einschmelzung und Weichteilabszeß
Periphere Abtrennung abgestorbenen Knochens
Im Eiter schwimmende Sequester
Fistelbildung

Chronische Form:

Intra- und extraoral chronische Abszesse und Fisteln
Prozeß durch Granulationsgewebe abgegrenzt
Sequester unterhalten Entzündungen
Periphere Knochenanlagerung
Totenlade: Wall neugebildeten Knochens um Sequester

Sklerosierende Form:

Dichter Knochen im Überschuß gebildet

Symptome:

Akute Form:

Hohes Fieber
Allgemeinzustand ↓↓

Multiple intra- und extraorale Abszesse
Knochennekrosen →
Zahn locker
Marginaler Eiter
Spontanfraktur
Sequester

Chronische Form:
Chronische Abszesse und Fisteln
Kaum Fieber
Zahn locker
Spontanfraktur
Sequester

Röntgen:

Akute Form:
Ab 2. Woche:
Wolkige, unregelmäßige Aufhellung
Um Sequester Aufhellung

Chronische Form:
Unregelmäßige, unscharfe, wie ausgefressene Aufhellung
Periphere Knochenauftreibung

Sklerosierende Form:
Verdichtung

Besonderheiten:

Unterkiefer:
Neuralgiforme Schmerzen, Parästhesien (N. mandibularis)
Vincent-Syndrom
Evtl. Kieferklemme
Gute Regeneration

Oberkiefer:
Oberlippe und Wange geschwollen
Hypästhesie des N. infraorbitalis
Selten Sequester
Schlechte Regeneration

Alveolitis

Definition: Osteomyelitis der Alveolarwand

Ätiologie: Knochenquetschungen bei Extraktion
Akute periapikale oder parodontale Entzündung
Trockene Alveole

Symptome: Gingivarand dick und rot
Eitriges Sekret und Sequester
Dolor p. E.

Säuglingsosteomyelitis

Erreger: Streptokokken

Ätiologie: Hämatogen:
Nabelschnurinfekt
Furunkel
Scharlach
Rhinogen:
Nasennebenhöhleninfekt
Otitis media

Symptome: Hohes Fieber
Schwellung von Wange, Lid, Parotis
Zahnkeime sequestrieren
Später:
Gesichtsasymmetrie
Okklusionsstörung
Ankylose der Kiefergelenke

Osteomyelitis sicca (sklerosierende Osteomyelitis Garré, Pseudo-Paget)

Lokalisation: Meist Unterkiefer

Pathologie: Wenige virulente Keime

Symptome: Diffuse Auftreibung des Knochens
Dumpfer Dauerschmerz

Röntgen: Diffuse Verdichtung des Knochens
Fleckige Zeichnung

Prognose: Spontanheilung möglich

Differentialdiagnose: Fibröse Knochendysplasie
Ossifizierende Fibrome
Osteom
Osteoplastisches Sarkom
Harte Odontome

Osteoradionekrose

Pathologie: Röntgenstrahlen reduzieren Vitalität des Knochens
Bei Entzündung entsteht Nekrose des Knochens

Lokalisation: Meist Unterkiefer

Symptome: Weichteilinfiltrat und Fisteln
Knochen extraoral frei
Dumpfer Dauerschmerz
Selten Sequester

Röntgen: Unregelmäßige Aufhellung

Differentialdiagnose: Osteolytischer Tumor

Therapie der Osteomyelitis:

Akute Form:	Früh und hochdosiert Antibiotika für mind. 3 Wochen Inzision der Weichteilabszesse
Chronische Form:	Antibiotika Extraktion des schuldigen Zahnes Schienung lockerer Zähne Exkochleation und Sequesterotomie
Alveolitis:	Detritus aus Wunde entfernen CHKM-Streifen
Im Wachstum:	Inzision von Abszessen Entfernung von Sequestern, Zahnkeimen Hochdosiert Antibiotika Funktionelle Therapie (⊣ Ankylose)
Osteomyelitis sicca:	Röntgenreizbestrahlung

Entzündungen der Haut

Erysipel

Definition: Kutane Phlegmone

Erreger: Hämolysierende Streptokokken

Pathologie: Wunde oder Epitheldefekt als Pforte

Lokalisation: 90% im Gesicht

Symptom: Fieber und Schüttelfrost
Schmerzen und flammende, scharf begrenzte, aber unregelmäßige Rötung

	Blasen Pruritus und Spannung Lymphknoten ↑
Therapie:	Hochdosiert Antibiotika
Differentialdiagnose:	Naevus flammeus Zoster Kontaktdermatitis

Impetigo contagiosa

Definition:	Akute Pyodermie (hochinfektiös)
Erreger:	Kind: Streptokokken Erwachsener: Staphylokokken
Lokalisation:	Meist Gesicht
Symptome:	Kurzes Blasenstadium → Gelb-rote Eiterkrusten auf rotem Fleck → Abheilung ohne Narben
Therapie:	Dermatologisch
Differentialdiagnose:	Herpes labialis Impetigo herpetiformis

Entzündungen der Haarbälge und Talgdrüsenfollikel

Erreger:	Staphylokokken
Follikulitis:	Haarfollikelentzündung mit Ausbildung kleiner Eiterbläschen
Furunkel:	Follikultis und Nekrose

Furunkulose:	Multiple Furunkel an verschiedenen Stellen
Karbunkel:	Konfluierende Furunkel
Komplikationen:	Thrombophlebitis der V. angularis Sinus-cavernosus-Thrombose
Therapie:	Furunkel, Karbunkel: Ichthyolsalbe Furunkulose: Penicillinasestabile Penicilline
Differentialdiagnose:	Trichophytie

Pyostomatitis vegetans

Definition:	Chronische vegetierende Pyodermie bei Abwehrschwäche
Symptome:	Eiterpusteln Geschwüre mit eitrigem Granulationsgewebe
Lokalisation:	Perioral Naseneingang
Therapie:	Vitamine Chemotherapie

Schankriforme Pyodermie

Symptome:	Solitäre, speckige, derbe Erosionen und Ulzera Lymphknoten ↑
Prognose:	Abheilung nach 4–6 Wochen
Differentialdiagnose:	Syphilitische Primäraffektion

Mundschleimhautentzündungen

Schmutzgingivitis

Formen: Gingivitis simplex: serös, hyperämisch
Gingivitis ulcerosa: Erosionen, Ulzera

Ätiologie: Plaque
Schlupfwinkelinfekt
Halbretinierter 8

Symptome: Interdental beginnende Schwellung und Röte, später Blutung, Erosionen, Ulzera der Schleimhaut
Foetor
Lymphknoten ↑

Ausbreitung: Als ulzeröse Gingivostomatitis (Abklatschgeschwüre)

Differentialdiagnose: Leukämie, Agranulozytose
Schwermetallintoxikation
Vitamin- oder Proteindefizit
Thermische, chemische, aktinische Reize

zur ulzerösen Gingivo-Stomatitis: Ca
Lues
Tbc
Akute nekrotisierende und ulzerierende Gingivitis (ANUG)

Therapie: Zahnstein, Beläge, Konkremente entfernen
Aussprayen der Taschen
Trypaflavin-Pinselung

	Chlorhexidin-Spülung Bei Fieber: Antibiotika

Hyperplastische Gingivitis

Ätiologie:	Bakteriell bei hormoneller Umstellung Endogen: Pubertät, Gravidität, Menopause Exogen: Hydantoin
Pathologie:	Seröse → produktiv-proliferative → fibromatöse Entzündung
Symptome:	Gingiva verdickt Pseudotaschen Röte und ödematöse Quellung Selten Ulzera
Differentialdiagnose:	Epulis Chronisch lymphatische Leukämie
Therapie:	Reinigen und Sanieren Trypaflavin-Pinselung Gingivektomie (bei starker Hyperplasie)
Prognose:	Spontanheilung möglich

Akute nekrotisierende und ulzerierende Gingivitis (ANUG)

Erreger:	Fusobakterien und Spirochäten: Borrelia Vincenti, Fusobakterium Plauti
Pathologie:	Nach Resistenzminderung durch Infekte
Symptome:	Papille livide und ödematös →

	Mechanisch ablösbare Nekrosen und Pseudomembranen Starker Foetor Abklatschgeschwüre Abstoßung des nekrotischen Gewebes bei Heilung
oft bei:	Agranulozytose, Leukosen
Differentialdiagnose:	Gingivitis ulzerosa Soor Lues Tbc Tumor Stomatitis aphthosa
Therapie:	Reinigen und Sanieren Trypaflavin-Pinselung Chlorhexidin-Spülung Antibiotikum

Sekundäre Gingivitis

Ätiologie:	Röntgenstrahlen Vitamin-C-Mangel Schwermetallvergiftung
Symptome:	Röte und Schwellung der Gingiva Gelblich-fibrinöse Pseudomembranen Speichelsekretion ↓ Selten Ulzera
später:	Atrophie Xerostomie Ulkus
Differentialdiagnose:	Tumor

Therapie: Trypaflavin-Pinselung
Chlorhexidin-Spülung

Gingivitis desquamativa

Pathologie: Subepitheliale Blasen durch hormonelle Dysregulation oder Autoimmunerkrankung bei Frauen zwischen 20–40 J.

Symptome: Fleckige Desquamation und Röte der Gingiva propria
Blasen und blutende Erosionen
Epithel läßt sich abreiben

Therapie: Reinigen und Sanieren
Vitamin A
Cortison-Neomycin-Präparate

Differentialdiagnose: Gingivitis ulcerosa
Benignes Schleimhautpemphigoid
Pemphigus vulgaris
Bullös-erosiver Lichen planus
Erosiver Herpes

Cheilitiden

Cheilitis glandularis simplex

Definition: Hyperplasie der kleinen Schleimdrüsen der Lippenschleimhaut

Symptome: Makrocheilie
Sekrettröpfchen
Rote Schleimhautknötchen

Komplikationen: Entartung zum Ca

Differentialdiagnose: Melkersson-Rosenthal-Syndrom

Cheilitis glandularis purulenta

Definition: Superinfekt hypertrophierter Schleimdrüsen

Symptome: Schwellung mit Eiter und Fisteln
Ulzera mit Krusten

Therapie: Antibiotikum
Exzision der Lippenschleimhaut → Deckung

Cheilitis actinica

Ätiologie: UV-Strahlung

Symptome: Lippen geschwollen
Blasen mit Krusten
Schuppung mit Vernarbung

Prophylaxe: Lichtschutzsalben

Differentialdiagnose: Trauma
Kontaktekzem
Erythema exsudativum multiforme

Zungenerkrankungen

Lingua plicata

Definition: Angeborene Faltenzunge

Symptome: Zungenfalten
Keine Schmerzen

Therapie:	Keine
Differentialdiagnose:	Melkersson-Rosenthal-Syndrom Lues-III-Glossitis

Exfoliatio areata linguae

Definition:	Lingua geographica
Pathologie:	Schälung und Wiederaufbau der Papillae filiformes
Symptome:	Abwechselnd rote und glatte Flekken Evtl. Zungenbrennen Oft mit Lingua plicata
Therapie:	Keine
Differentialdiagnose:	Zungenatrophie durch mechanische Insulte Möller-Hunter-Glossitis

Glossitis rhombica mediana

Pathologie:	Persistenz des Tuberculum impar → Fehlbildung des Zungenrückens und Entzündung
Symptome:	Erhabene Bezirke in Zungenmitte
Therapie:	Exzision (bei starker Entzündung)

Lingua villosa nigra

Definition: Schwarze Haarzunge

Pathologie: Hyperplasie der Papillae filiformes und exogene Pigmenteinlagerung
Durch Entzündung, chemische Reize, Vitaminmangel

Symptome: Braun-schwarze Zunge
Verlängerung der Papillae filiformes

Therapie: Nicotinsäureamid
Chirurgisches Abschaben

Viruserkrankungen der Mundschleimhaut

Herpes simplex

Erreger: Herpes virus (als Rezidiv)

Ätiologie: Bestrahlung
Hormonelle Umstellung
Verdauungsstörung

Symptome: Stecknadelkopfgroße Bläschen
(klar → eitrig) →
Erosionen →
Krusten mit Borken

Prognose: Nach 8–10 Tagen Heilung ohne Narben
Rezidive

Differentialdiagnose: Herpes zoster

Therapie: Evtl. lokal Kortison

Stomatitis herpetica

Erreger: Herpes simplex (Erstinfekt)

Symptome: Schubweise runde grau-gelbe Erosionen mit rotem Hof
Akute Gingivitis
Foetor
Lymphknoten ↑

Therapie: Chlorhexidin-Spülung
Trypaflavin-Pinselung

Herpes zoster

Erreger: Varizellen (Zweiterkrankung)

Pathologie: Befall des N. ophthalmicus und des Trigeminusastes II und III

Symptome: Neuralgiforme Schmerzen
Ödem und Erythem
Blasen mit Krusten

Differentialdiagnose: Herpes simplex

Therapie: Antibiotikum, Analytika
Vitamin B, Interferon
Impletol

Prognose: Oft Persistenz neuralgiformer Beschwerden

Bullosen

Pemphigus chronicus

Definition:	Intraepitheliale Blasen
Ätiologie:	Autoimmun
Pathologie:	Akantholyse
Symptome:	Schlaffe Blasen → Erosionen mit gelben Belägen Salivation
Verlauf:	Schubweise
Differentialdiagnose:	Arzneimittelexanthem Erythema exsudativum multiforme Lichen ruber planus (pemphigoide Form) Stomatitis ulcerosa

Dermatitis herpetiformis Duhring

Definition:	Subepidermale Blasen
Symptome:	Bläschen auf rotem Grund (mehrere Stadien nebeneinander) Pruritus Erosionen mit Ulzera
Differentialdiagnose:	Pemphigus chronicus

Erythema exsudativum multiforme

Definition:	Subepitheliale Blasen
Ätiologie:	Idiopathisch oder symptomatisch (bei Arzneimitteln)
Symptome:	Fieber Rote Flecken und weiß-gelbe Fibrinbeläge Blasen Lymphknoten ↑ Pseudomembranöser Ätzschorf Foetor Hämorrhagische Krusten am Lippensaum
Verlauf:	Heilung nach 2–3 Wochen
Prognose:	10% Mortalität
Differentialdiagnose:	Pemphigus chronicus Stomatitis herpetica
Therapie:	Chlorhexidin-Spülung Kortikoide Antibiotikum

Nicht-entzündliche Mundschleimhauterkrankungen

Candidiasis (Soor)

Erreger:
Candida albicans

Ätiologie:
Resistenzminderung
Antibiotikatherapie

Symptome:
Weißliche stippchenartige oder flächenhafte Membranen (aus Pilzfäden und Epithel, leicht abziehbar)
Umgebung rot und geschwollen
Faulecken an Mundwinkeln

Differentialdiagnose:
Diphtherie
Tbc
Lues
Leukoplakie
Lichen planus

Therapie:
Gentianaviolett
Moronal
Imidazolabkömmlinge
Vit B- Nicotinsäureamid (Nicobion)

Komplikationen:
Soorsepsis

Aphthen

Definition:
Erosionen mit fest anhaftenden Pseudomembranen

Chronisch rezidivierende Aphthen

Ätiologie: Neurovegetative Dysregulation
Familiär

Symptome: Roter Fleck →
Bläschen →
Aphthe
Schmerzen
Lymphknoten ↑

Differentialdiagnose: Stomatitis herpetica
Erosiver Herpes simplex

Prognose: Abheilung ohne Narben

Therapie: Volon-A-Haftsalbe

Chronisch rezidivierende Aphthosis

Definition: Sammelbegriff für Aphthosis Touraine, Aphthosis Neumann, M. Behçet

Symptome: Chronisch rezidivierende Aphthen

Leukoplakie

Definition: Verhornungsanomalie der Schleimhaut

Histologie: Hyperplasie mit verbreitertem Epithel
Akantholyse
Hyperkeratose
Parakeratose
Subepitheliales entzündliches Infiltrat

Einfache Leukoplakie

Definition:
Nur Akanthose und Hyperkeratose
Keine Präkanzerose

Symptome:
Umschriebene, weiße, erhabene, nicht abwischbare Flecken
Roter Randsaum

Ätiologie:
Idiopathisch
Vitaminmangel (A, B)
Hormonell
Symptomatisch bei:
Lues
Tbc
Rauchen
Alkohol
Chemisch
Mechanisch

Lokalisation:
Wange, Zunge >
Gaumen, Lippe, Mundboden

Differentialdiagnose:
Lichen planus
Präkanzeröse Leukoplakie

Therapie:
Kleine Leukoplakie:
Exzision
Große Leukoplakie:
Exzision und plastische Deckung
Hochdosiert Vitamin A
Kontrollen!

Raucherleukokeratosis

Symptome:
Weiße Bezirke mit roten Pünktchen (Drüsen) am Gaumen

Proptosis buccalis

Symptome: Wangenschleimhaut-Hyperplasie mit Verhornung im Bereich von Zahnlücken

Präkanzeröse Leukoplakie

Definition: Stärkere Proliferationstendenz
Ausgeprägte Zellatypie
Starke entzündliche Infiltrate

Symptome: Deutlich über Schleimhautniveau erhabene Bezirke
Weiße Flecken
Ulzera und Fissuren (Entartung)
Superinfekt, Soor

Formen: Papillomatös-endophytisch (M. Bowen)
Papillomatös-exophytisch

Therapie: Früh Probeexzision →
Exzision und plastische Deckung

Differentialdiagnose: Lichen planus
Lupus erythematodes

Lichen planus

Ätiologie: Unbekannt
Evtl. neurogen oder Virus

Histologie: Akanthose
Hyperkeratose
Ödem
Blase
Zellproliferation

Symptome:

Einfacher Lichen planus:	Milchig-weiße Stippchen Ringförmige Netze mit Wickham-Streifen Keine Rötung
Bullöser Lichen planus:	Hochrote Erosionen und Schmerzen Am Rand netzartige Strukturen Präkanzerose
Lichen planus atrophicans:	Scheibenförmige Zungenatrophien

Lokalisation: Meist Wange, Zunge

Differentialdiagnose:

Einfacher Lichen planus:	Leukoplakie Lupus erythematodes
Bullöser Lichen planus:	Bullöse Dermatosen Lupus erythematodes
Lichen planus atrophicans:	Lingua geographica Lues-III-Glossitis

Therapie:

Einfacher Lichen planus:	Keine
Bullöser Lichen planus:	Volon-A-Haftsalbe Bepanthen-Lutschtabletten

Granulomatosen

Definition: Ausbildung eines Granulationsgewebes ohne Erreger, aber ähnlich einer spezifischen Entzündung

Melkersson-Rosenthal-Syndrom

Definition: Chronische rezidivierende Granulomatose

Symptome: Trias:
Fazialisparese
Gesichtsschwellung
Faltenzunge
Makroglossie
Granulomatose der Gingiva

Therapie: Exzision
Kortikoide

Differentialdiagnose: Dentogenes entzündliches Infiltrat

Morbus Boeck

Definition: Sarkoidose

Ätiologie: Virusinfekt
Hyperergische Reaktion
Atypische Tbc

Symptome: Lymphknoten ↑
Veränderungen von Lunge, Haut, Leber, Knochen
Schmerzlose blaurote Knötchen an Mundschleimhaut

Differentialdiagnose: Lupus vulgaris
M. Brill-Symmers
Sarkome des Lymphgewebes

Therapie: Kortikoide

Plasmocytosis circumorificialis

Definition:	Plasmozytäre Proliferationstendenz an Körperöffnungen
Ätiologie:	Veränderte Reaktion des retikulohistiozytären Systems
Symptome:	Braunrote, gesprenkelte Verhärtungen Erosionen
Differentialdiagnose:	Plasmozytom
Therapie:	Volon-A-Salbe

Wegener-Granulomatose

Definition:	Maligne Sonderform der Periarteriitis nodosa
Ätiologie:	Allergisch-hyperergisch
Symptome:	Granulomatös-hyperplastische Gingivitis Blutungsneigung Zahn locker Ulzera und Nekrosen der Mundschleimhaut
Differentialdiagnose:	Granuloma gangraenescens Maligner Tumor
Prognose:	Infaust
Therapie:	Kortikoide

Granuloma gangraenescens

Definition:	Maligne Granulomatose
Ätiologie:	Unbekannt
Symptome:	Rhinitis und Katarrh Nasen-Rachen-Granulome → Eitrige Einschmelzung und Ulzera bis in tiefe Gewebsschichten Foetor Fieber
Differentialdiagnose:	Wegener-Granulomatose Maligner Tumor
Prognose:	Infaust
Therapie:	Keine

Mycosis fungoides

Definition:	Granulomatose der Haut
Ätiologie:	Unbekannt
Symptome:	1. Stadium: Erythem, Plaques opalines 2. Stadium: Flächenhafte Infiltrate 3. Stadium: Roter, ulzerierender Tumor
Prognose:	Über Jahre letal
Therapie:	Kortikoide Zytostatika Röntgenstrahlen

Spezifische Entzündungen

Aktinomykose

Erreger:	Saprophyt Actinomyces israeli (Strahlenpilz zwischen Bakterien und Pilzen)
Ätiologie:	Odontogen Schleimhautläsionen Schlupfwinkelinfekt
Histologie:	Drusen im Eiter und im Gewebe Anaerobes Wachstum

Primär akute Aktinomykose

Symptome:	Bretthartes Infiltrat Gefältelte, livide Haut
Ausbreitung:	Meningitis Sepsis Mediastinitis

Primär chronische Aktinomykose

Symptome:	Umschriebenes subkutanes Infiltrat Schwellung mit Kiefer verbacken oder strangförmig Kaum Schmerzen Narbige Einziehung Subkutane Abszesse und Fisteln Keine Heilung nach Inzision oder Extraktion

Aktinomykotische Osteomyelitis

Symptome: Starke Knochenneubildung (Kiefer aufgetrieben)
Intra- und extraorale Fisteln
Wenig Sequester

Aktinomykom

Symptome: Tumorartige Knochenauftreibung
Keine Entzündung
Lymphknoten ↑
Zystenartige Höhlen mit Granulationsgewebe

Diagnose: Bakterieller Nachweis der Aktinomyzeten
Nicht heilende Prozesse nach Inzision oder Extraktion

Therapie: Extraktion des schuldigen Zahnes
Inzision und Kürretage des Granulationsgewebes
Exzision livider Haut
Exkochleation von Knochenherden
Jodiontophorese
Reizkörpertherapie (Eigenblut)
Chemotherapie

Differentialdiagnose: Tumor

Tuberkulose

Definition: Chronischer, zyklischer Infekt

Erreger: Mycobacterium tuberculosis

Histologie:	Exsudative Phase → Verkäsung → Produktive-proliferative Phase → Vernarbung
Pathologie:	Erstinfekt → Primärkomplex → Hämatogene Durchseuchung → Antikörperproduktion oder bei Resistenzminderung → Progressiver Primärkomplex → Hämatogene Streuung → Miliartuberkulose → Organtuberkulose
Diagnose:	Bakterienkultur Tierversuch Histologie
Symptome:	
Primärkomplex:	Kraterförmiges, schmerzloses Ulkus mit speckigem, schmierigem Grund und wallartigem, bröckeligem Rand → Heilung nach 3 Wochen → Rote, polsterartige Verdickungen und lupoide Knötchen Lymphknoten ↑, verbacken und käsig → Fibrosierung mit Kalkkonkrementen
Miliar-Tbc:	Oberflächliche Ulzera mit gezacktem, zerfressenem, unterminierendem Rand Knötchen in der Umgebung Schmerzen

Skrofuloderm (= kolliquative Tbc):	Schmerzlose subkutane Knoten konfluieren → Erweichung → Durchbruch nach außen → Narbige Heilung
Lupus vulgaris:	Subepitheliale, stecknadelkopfgroße, rote Hautknötchen konfluieren → Lupusflecken → Narbige Heilung Blasse, graurote Schleimhautknötchen Papillomatöse Wucherungen
Diagnose:	Sondenversuch Diaskopie
Differentialdiagnose:	
Primärkomplex:	Syphilitischer Primäraffekt M. Boeck M. Hodgkin Tumor Lymphome
Skrofuloderm:	Aktinomykose Syphilitische Gumma
Lupus vulgaris:	Lupus erythematodes Lues Basaliom Rosacea
Therapie:	Dermatologisch

Lues

Erreger:	Treponema pallidum (direkter Kontakt)

Histologie: Bildung eines Granulationsgewebes

Symptome:

Primärstadium:

Primäraffekt:
Ulcus durum an Pforte (nach 3 Wochen) und Lymphknoten ↑
Scharfer braunroter derber Knoten →
Lackartig glänzendes Ulkus
Keine Schmerzen

Sekundärstadium:

Nach 10 Wochen:
Polyskleradenitis
Angina specifica
Plaques opalines (Epithel dicker)
Erosives, papulöses Exanthem (hochinfektiös)
Plaques muqueuses

Nach 3 Monaten:
Palmoplantares Syphilid
Syphilitisches Leukoderm
Alopezie

Zwischen 3–5 Jahren:
Rezidivierende Exantheme

Tertiärstadium:

Zwischen 5–30 Jahren:
Gummen an Lippe, Zunge, Gaumen (schmerzlose Knoten) →
Erweichung zu Ulzera
Leukoplakie
Sklerosierung →
Perforation des Gewebes
Interstitielle Glossitis
Organsyphilis

Metalues:

Nach Jahrzehnten:
Progressive Paralyse
Tabes dorsalis
Mesaortitis luetica

Lues connata:	Coryza syphilitica → Sattelnase Parrot-Furchen Hutchinson-Trias: Tonnenzahn Keratitis parenchymatosa Innenohrschwerhörigkeit

Diagnose:

Primärstadium:	Dunkelfeldmikroskop ab 5. Woche Serologie: Wassermann-Test Cardiolipin-Mikroflockungstest Nelson-Test Treponema-pallidum-Hämagglutinationstest Chediak-Test
Sekundärstadium:	Ganze Serologie positiv

Therapie:	Penicillin

Differentialdiagnose:

Primäraffekt:	Karbunkel, Furunkel Pyodermie Ca
Syphilide:	Scharlach, Masern Psoriasis Angina, Diphtherie Lupus erythematodes Lichen planus Leukoplakie
Syphilome (= Gumma):	Lupus vulgaris Basaliome

Tetanus

Definition: Wundinfekt

Erreger: Clostridium tetani
Ektotoxine:
Tetanospasmin → Krampf
Tetanolysin → Hämolyse

Pathologie: Bagatellverletzung →
Nach 3–60 Tagen Inkubation:
Übergang von Sporen zu vegetativer Form →
Zentripetale Ausbreitung entlang Nerven →
Befall inhibitorischer Synapsen in motorischer Vorderhornzelle des Rückenmarks

Symptome: Prodromal: Kopf- und Muskelschmerzen und Schwindel
Trismus
Risus sardonicus
Rigor (tonische Muskelstarre)
Klonische Krämpfe
Opisthotonus (tonische Rückenstarre)
Fieber

Prognose: Exitus

Differentialdiagnose: Lyssa
Zerebrale Krämpfe
Meningitis
Arzneimittelintoxikation

Therapie: Radikale Wundrevision
Antibiotikum
Antitoxin
Muskelrelaxantien
Tracheotomie und künstliche Beatmung

Prophylaxe:

Grundimmunisierung (aktive Immunisierung):
3 × 0,5 ml Tetanol
sofort sowie
nach 2–6 Wochen und
nach 6–12 Monaten
Auffrischung alle 5 Jahre
Bei Verletzung:
Plus 250 IE Tetanol (passive Immunisierung)

AIDS

Definition: Acquired immune deficiency syndrome = erworbene Abwehrschwäche

Erreger: HIV (Human Immunodeficiency Virus)

Risikogruppen:

Männl. Homosexuelle
i.v. Drogenabhängige
Heterosexuelle Intimpartner Infizierter
Neugeborene infizierter Mütter
Empfänger HIV-haltigen Blutes
Hämophile

Pathogenese:

Übertragung durch parenterale Inokulation erregerhaltiger Körperflüssigkeiten
Mittlere Inkubationszeit: 5 Jahre → Zerstörung der T-Lymphozyten → Zusammenbruch des Immunsystems

Diagnose:	Antikörpernachweis nach 4–12 Wochen Suchtest: ELISA Bestätigungstest: Immunoblot
Symptome:	
Lymphadenopathie-syndrom:	Persistierende Lymphknoten ↑ Fieber und Leistung ↓ Gewicht ↓ Nachtschweiß Mukokutane Effloreszenzen
AIDS:	Rezidivierende Infekte Kaposi-Sarkom Lymphoretikuläre Neoplasien Neurologische Symptome
oral:	Lymphadenopathie Soor (nicht dauerhaft therapierbar) Kaposi-Sarkom: blaubrauner Tumor exophytisch meist palatinal
Prognose:	Nach 10 Jahren 70% der Infizierten manifest erkrankt Bei manifester Erkrankung Prognose infaust
Prophylaxe für den Zahnarzt:	Mund- und Körperschutz (Kittel, Handschuhe) Schutzbrille Möglichst thermische Desinfektion von Arbeitsmitteln
Therapie:	AZT, DDC, DDI

Entzündungen der Lymphknoten

Lymphknotenabfluß:

Oberkiefer:

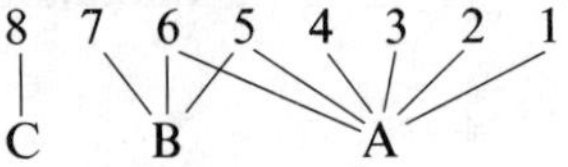

Unterkiefer:

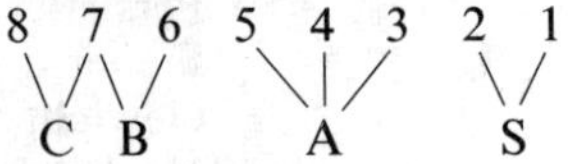

Submandibulär:

A vor der Glandula submandibularis
B vor dem Masseteransatz
C hinter dem Masseteransatz

Submental:

S

Resorptive Hyperplasie

Definition: Lymphknotenschwellung durch Resorption von zerfallenen Leukozyten, Bakterien, Toxinen

Symptome: Lymphknoten ↑, hart und nicht schmerzhaft

Lymphadenitis

Definition: Lymphknotenentzündung durch Bakterien und Toxine, die über Lymphknoten ausgeschwemmt werden

Symptome:

Lymphknoten ↑ und Schmerzen, sind verschieblich
Lymphknoten derb und verbacken (chronische Lymphadenitis)

Lymphknotenabszeß

Definition:

Eitrige Einschmelzung einer Lymphadenitis

Symptome:

Submandibulärer oder submentaler Abszeß ohne Verbindung zum Knochen

Differentialdiagnose:

Submandibulärer Abszeß
Submentaler Abszeß
Infizierte Zyste

Hämatogene Ausbreitung einer Entzündung

Ätiologie:	Abwehrschwäche Hohe Erregervirulenz
Bakteriämie:	Bakterien im Blut ohne Allgemeininfekt
Sepsis:	Bakterieller Allgemeininfekt
Pyämie:	Metastasierender Allgemeininfekt
Bakteriostatischer Kollaps:	Durch Ekto- oder Endotoxine der Bakterien
Symptome:	Hohes Fieber und Schüttelfrost Tachykardie Hyperventilation Splenomegalie Hämolyse
Bakteriostatischer Kollaps:	Kollaps
Therapie:	Inzision des Primäraffektes Hochdosiert Antibiotika

Odontogenes Herdgeschehen

Definition: Ein Fokus (Primärherd) verursacht durch Fernwirkung eine Zweiterkrankung

Fokus:

Definition: Mit Keimen besiedeltes, stummes von Granulationsgewebe umgebenes Entzündungsfeld

Arten:
Tonsillitis
Chronisch apikale Parodontitis
Radikale Zysten
Perikoronare oder marginale Entzündungen
Radix relicta
Osteomyelitis
Chronische Nasennebenhöhleninfekte

Zweiterkrankungen:
Rheuma
M. Bechterew
Iridozyklitis
Chorioiditis
Neuritis
Endo-, Peri-, Myokarditis
Nephritis
Thrombangiitis obliterans
Periarteriitis nodosa
Lupus erythematodes
Erythema nodosum
Allergie

Pathologie:
1. *Bakterielle Theorie:*
   Durch Bakterien

2. *Toxintheorie:*
   Durch Toxine der Bakterien
3. *Allergietheorie:*
   Durch Antigen-/Antikörper-Reaktion
4. *Neuraltheorie:*
   Durch vegetatives Störfeld Störung des endokrinen Gleichgewichtes

Diagnostik: Klinische Untersuchung
Röntgenbefund
Vitalitätsprobe

Therapie: Nur auf Anweisung der Mediziner

Allergie

Definition: Pathergische Entzündung durch Antigen-/Antikörper-(AG-/AK-)Reaktion und Mediatorsubstanzen

Pathologie: Sensibilisierung durch Antigen (AG) →
Bildung von Antikörper (AK) →
Bei erneuter AG-Zufuhr AG-/AK-Reaktion

Atopie

Definition: Überempfindlichkeit vom Soforttyp
Lokalisiert

Symptome: Heuschnupfen
Asthma bronchiale

Desensibilisierung

Definition: Allmähliche Absättigung der AK mit AG

Arthus-Phänomen

Definition: Ablagerung von Fibrinoiden in Filterorganen durch Präzipitation von AG-/AK-Komplexen, Soforttyp

Symptome: Lokale, subkutane Entzündung

Serumkrankheit

Definition: Überempfindlichkeit vom Soforttyp

Symptome: Urtikaria
Pruritus
Fieber
Gelenkschwellung

Spättyp-Reaktion

Symptome: Kontaktallergie
Infektallergie
Transplantatabstoßung

Antigene: Körperfremde Stoffe, die eine AK-Bildung induzieren und mit AK eine Verbindung eingehen

Vollantigen: Eiweißkörper

Halbantigen: Haptene (Bindung an Eiweißkörper)

Antikörper: Eiweißstoffe bestimmter Zellen, die unter AK-Einfluß gebildet werden

Sofortreaktion: Durch humorale AK

Spätreaktion: Durch zellständige AK (T-Lymphozyten)

Komplement: Serumeiweißkörper, die von AG-/AK-Komplexen gebunden werden
Zellauflösendes Enzym

Antigenarten: Inhalations-AG
Ingestions-AG
Kontakt-AG
Injektions-AG
Depot-AG

	Auto-AG Bakterielles Depot-AG
Mediatorsubstanzen:	Histamin Serotonin Slow reacting substance (SRS) Bradykinin
Wirkungsweise:	Kontraktion des glatten Gefäßmuskels Kapillarpermeabilität ↑ Bronchialspasmus

Allergische Diathese

Definition:	Erhöhte Sensibilisierungsbereitschaft
Symptome:	Rezidivierende Bindehautentzündung Heuschnupfen Rezidivierende Bronchitis Asthma bronchiale Milchschorf Pruritus Urtikaria Migräne
Intrakutane Testung:	Serum intrakutan verabreicht → Quaddel verschwindet nach 20 Min. (normal) oder Arthus-Phänomen: Erhabene, teigige, blaßrote Quaddel und scharfer roter Hof oder Knoten

Anaphylaktischer Schock

Definition: Überempfindlichkeit vom Soforttyp
Generalisiert

Pathologie: Allergische Agranulozytose

Symptome: RR ↓ und Tachykardie
Erbrechen
Bewußtsein ↓
Schleimhautschwellung
Bronchiospasmus
Herz- und Atemstillstand
Prodromal:
Hitzegefühl an Händen und Füßen
Metallgeschmack
Urtikaria und Pruritus
Stuhlentleerung
Quincke-Ödem
Krämpfe

Therapie: Adrenalin
Urbason solubile
Ca-Glukonat
Makrodex
Nottracheotomie und Atemspende
Herzmassage

Serumkrankheit

Symptome: Nach 5–8 Tagen:
Milder Schock
Erythem
Urtikaria
Quincke-Ödem
Erbrechen, Durchfall

Therapie: Prednisolon
Antihistaminika

Urtikaria, Quincke-Ödem

Symptome:
Quaddel und Ödem
Pruritus

Therapie:
Prednisolon
Antihistaminika
Ca-Glukonat
Koniotomie

Zysten

Definition:

Abgeschlossene Hohlräume im Knochen oder in Weichteilen mit Bindegewebssack, Epithel und Flüssigkeit

Odontogene Zysten

Ätiologie:

1. Aus Malassezschen Epithelresten der Hertwigschen Scheide der Zahnleiste
2. Sekundär aus der Mundhöhle eingewachsen

Radikuläre Zyste

Ätiologie:

Aus Malassez-Epithelresten
Nach Entzündung der Wurzelhaut
Durch über Fisteln einwachsendes Mundschleimhautepithel

Theorien:

1. Grawitz-Theorie:
   Einwachsen von Mundschleimhautepithel über Fistel eines Abszesses und Verödung der Fistel
2. Intraepitheliale Zystenbildung nach SIEGMUND u. WEBER:
   Durchwachsung von Granulationsgewebe mit Epithel → Retikulierung des Epithels (zentrale interzelluläre Lücken) → Degeneration und Verflüssigung

3. Intra- und extraepitheliale Hohlraumbildung nach EULER u. MEYER:
   Gleichzeitiger Zerfall von Granulationsgewebe und Epithel → Hohlräume

Lokalisation: Apikal oder lateral des Zahns

Follikuläre Zyste

Definition: Perikoronare Zyste am nicht durchgebrochenen Zahn
Zahnsäckchen = Zystenbalg
Schmelzepithel = epitheliale Zystenwand

Theorien:

1. Fehlentwicklung des Schmelzorgans nach BROCA u. MAGITOT:
   Mißbildung der Zahnanlage und Zerfall der Schmelzpulpa → Hohlraum zwischen innerem und äußerem Schmelzepithel
2. Entzündliche Genese nach PARTSCH:
   Durch eine apikale, marginale oder hämatogene Entzündung

Arten:

Koronare Zyste:
Zyste perikoronar

Laterale Zyste:
Zyste lateral der Zahnkrone

Durchbruchszyste:
Zyste perikoronar, aber submukös

Periradikuläre Zyste:
Zyste umhüllt ganzen Zahn

	Extrafollikuläre Zyste: Zyste lateral der Zahnkrone, aber Epithel von Zahnkrone getrennt
Folgen:	Dentitio tarda Retention Stellungsanomalie

Zahnlose follikuläre Zyste

Definition:	Primordialzyste Keratozyste
Lokalisation:	Am Kieferwinkel
Röntgen:	Mehrkammerig Wurzelresorptionen

Residualzyste

Definition:	Rezidiv einer radikulären Zyste

Milchzahnzyste

Definition:	Radikuläre Zyste eines Milchzahnes
Pathologie:	Oft entzündlicher Zystenbalg Resorption des angrenzenden Knochens Knochenanbau am Periost Zystenwachstum durch Abschilferung des Zystenepithels (osmotischer Druck ↑)
Symptome:	Oft unauffällig Zahn locker und verdrängt Kiefer aufgetrieben und Pergamentknistern

Spontanfraktur des Unterkiefers
Gerberwulst

Röntgen:

Scharf begrenzte, runde, evtl. mehrkammerige Aufhellung
Aufweitung des perikoronaren Raums (follikuläre Zyste)
Unscharfe Begrenzung (infizierte Zyste)
Wurzelspitze im Lumen (radikuläre Zyste)
Krone im Lumen (follikuläre Zyste)
Verdrängung des Mandibularkanals
Boden der Kieferhöhle verschattet
Aufhellung zwischen Wurzeln (laterale Zyste)

Diagnose:

Röntgen
Punktion mit Röntgen-Kontrastmitteln

Differentialdiagnose:

Apikale Parodontitis
Eosinophiles Granulom
Ameloblastom
Rezessus der Kieferhöhle
Osteolytischer Tumor

Therapie:

Zystostomie Partsch I:
Zyste wird durch Öffnung zur Nebenhöhle der Mundhöhle gemacht →
Knochenwachstum lumenwärts
Vorteil: Schnell und schonend
Kleine Wundfläche
Nachteil: Lange Nachbehandlung (evtl. Obturator)

Zystektomie Partsch II:
Entfernung des Zystenbalges und Verschluß →

Bindegewebige Organisation des Koagulums →
Knöcherne Regeneration
Vorteil: Kurze Nachbehandlung
Nachteil: Postoperative Komplikationen (Kontraktion des Koagulums, Dehiszenzen, Infekt)
Indikation: Zysten bis 2 cm ∅

Zystenfensterung:
Zyste eröffnet und tamponiert
Indikation: Akute Entzündung
Gefahr der Unterkieferfraktur

Nicht-odontogene Zysten

Knochenzysten

Ductus-nasopalatinus-Zyste

Ätiologie: Persistierendes Epithel des Canalis nasopalatinus

Lokalisation: Oberkiefermittellinie zwischen Wurzeln der mittleren Inzisivi

Symptome: Wölbung der Papilla incisiva
Auftreibung des Nasenbodens
Inzisivi vital und Parodontalspalt erhalten

Röntgen: Birnenförmige, symmetrische Aufhellung mit Spitze zwischen Inzisivi

Differentialdiagnose: Zentrales Fibrom
Riesenzellgranulom

Therapie: Zystektomie von palatinal

Globulomaxilläre Zyste

Lokalisation:	Vereinigungsstelle Oberkieferfortsatz und Kiefer an seitlichen Oberkieferinzisivi
Röntgen:	Aufhellung zwischen Oberkiefer 2 und 3
Therapie:	Zystektomie

Naseneingangszyste

Lokalisation:	Der Apertura piriformis aufsitzend
Ätiologie:	Epitheleinschluß des Respirationstraktes bei Verwachsung der Gesichtsfortsätze
Symptome:	Nasenflügel durch prall-elastische Schwellung angehoben Nasolabialfalte verstrichen
Röntgen:	Oft negativ
Therapie:	Zystektomie von vestibulär

Palatinale Zyste

Lokalisation:	In Gaumenmittellinie
Symptome:	Umschriebene Vorwölbung in Gaumenmitte
Röntgen:	Runde Aufhellung im Oberkieferaufbiß

Mediane Unterkieferzyste

Lokalisation: Unterkiefermittellinie zwischen Unterkieferfortsätzen

Dermoid-, Epidermoidzyste

Definition:
Dermoidzyste:
Zahnlose Zyste aus verlagerten Hautkeimen mit Hautanhangsgebilden
Epidermoidzyste:
Zahnlose Zyste aus Epidermoidkeimen ohne Hautanhangsgebilde

Symptome: Auftreibung des Kieferknochens

Solitäre Knochenzyste

Ätiologie:
Traumatisch
Hämorrhagisch
Ausheilung pathologischer Knochenprozesse

Histologie: Kein Epithel

Röntgen: Scharfe Aufhellung

Therapie: Zystostomie

Weichteilzysten

Mukozele

Definition: Schleimretentionszyste in präformierten Räumen (Nasennebenhöhlen, Kieferhöhle)

Symptome:	Neuralgiforme Beschwerden Dumpfer Druck
Röntgen:	Halbkugelige, scharfe Verschattung
Punktion:	Cholesterinfreie Flüssigkeit
Ätiologie:	Postoperativ oder nach Trauma Nach Entzündung

Ranula

Definition:	Retentionszyste der Glandula sublingualis
Symptome:	Einseitige Schwellung neben Zungenbändchen Livide Fluktuation Auf Unterlage verschieblich
Therapie:	Totalexstirpation
Differentialdiagnose:	Hämangiom

Atherom

Definition:	Talgdrüsenretentionszyste der Haut
Symptome:	Auf Unterlage verschiebliche Schwellung Zentrale, porenartige Öffnung
Therapie:	Exzision der Talgdrüsengänge

Cholesteatom

Definition: Dermoid- oder Epidermoidzyste mit schalenartigen Lamellen aus abgestoßenem Epithel

Ätiologie: Aus embryonalen Epithelresten oder Epithelversprengung

Mediane Halszyste

Ätiologie: Aus Epithelresten des Ductus thyreoglossus

Lokalisation: Zwischen Foramen caecum und Schilddrüse

Symptome: Fluktuierende Vorwölbung in Halsmittellinie

Therapie: Exstirpation des Fistelganges und des Os hyoideum
Inzision am Vorderrand des M. sternocleidomastoideus

Laterale Halszyste

Ätiologie: Aus Epithelresten des 2. Kiemenganges und des Ductus thyreopharyngeus

Lokalisation: Karotisdreieck

Symptome: Abgegrenzte, schmerzlose Schwellung

Therapie: Totalexstirpation

Differentialdiagnose: Schildrüsenzyste
Lymphom
M. Hodgkin

Mundbodenzyste

Ätiologie: Aus Epithelresten des Ductus thyreoglossus

Symptome: Schwellung des Mundbodens

Therapie: Exstirpation vom Mundboden aus

Erkrankungen der Speicheldrüsen

Sialoadenitis

Erreger:	Meist unspezifisch Selten spezifisch (Aktinomykose, Tbc, Lues)
Pathologie:	Meist aszendierend oder per continuationem Selten hämatogen

Parotitis

Akute eitrige Parotitis

Symptome:	Weiche → harte, druckschmerzhafte Schwellung Kollateralödem Kieferklemme Flockiges → trübes → eitriges Sekret aus dem Ausführungsgang
Ausbreitung:	Parapharyngeal
Differentialdiagnose:	Wangenabszeß Retromandibulärer Abszeß Arthritis des Kiefergelenks
Therapie:	Antibiotikum Evtl. Inzision (Cave: N. facialis) Feuchte Verbände Jodiontophorese

Chronische Parotitis

Pathologie: Sekundär aus akut eitriger Parotitis
Nach Sialadenose, Stein, Röntgenstrahlen

Symptome: Wenig schmerzhafte Schwellung
Eitriges schleimiges Sekret

Röntgen: Gangektasien

Differentialdiagnose: Tumor
Sialadenose

Therapie: Jodiontophorese
Reizkörpertherapie
Konservative Parotidektomie

Parotitis epidemica (Mumps)

Symptome: Schwellung

Komplikationen: Orchitis
Pankreatitis
Meningitis

Entzündung der Glandula submandibularis

Pathologie: Sekretabflußstörung
Oft Speichelstein

Akute Form

Pathologie: Exazerbation einer chronischen Sialoadenitis

Symptome: Eitriges Sekret
Schwellung am Unterkiefer innen

	Druckschmerzen Mundboden geschwollen
Differentialdiagnose:	Submandibulärer Abszeß
Therapie:	Antibiotikum Feuchte Verbände Inzision
Prognose:	Meist → chron. Sialoadenitis

Chronische Form

Symptome:	Große, harte, wenig druckschmerzhafte Speicheldrüse Ausführungsgang gerötet und geschwollen Klares gallertartiges oder eitriges Sekret Akute Schwellung und Schmerzen bei Mahlzeit
Röntgen:	Gangektasie Stein im Gang (Mundbodenübersicht) oder Stein in Drüse (Unterkiefer extraoral)
Differentialdiagnose:	Lymphknotenschwellung Tumor
Therapie:	Totalexstirpation der Drüse

Entzündung der Glandula sublingualis

Pathologie:	Meist odontogen
Therapie:	Inzision

Sialolithiasis

Definition:	Speichelsteine in Drüsenausführungsgängen nach Entzündungen
Pathologie:	Dyschylie mit Änderung der Muzinbildung und Elektrolytkonzentration
Lokalisation:	80% Submandibularis 13% Parotis 7% Sublingualis
Symptome:	Schwellung oder Kolik bei Mahlzeit
Röntgen:	Verschattung meist rundlich
Therapie:	Operative Steinentfernung intra- oder extraoral Intraorale Gangschlitzung Exstirpation der Submandibularis oder Sublingualis

Sialadenosen

Definition:	Nicht entzündliche Speicheldrüsenschwellung und Störung der Enzymbildung
Lokalisation:	Meist Parotis Meist doppelseitig
Pathologie:	Hyperplasie des Drüsenepithels und Sekret ↑ → Degeneration des Drüsenepithels und Sekret ↓ → Lipomatöse Umwandlung und Fibrosierung

Ätiologie:	Vegetativ-neurale Dysregulation, endokrine Dysregulation bei Fazialisparesen
Symptome:	Schmerzlose weiche → derbe Schwellung Hyposalivation
Therapie:	Grundleiden

Kollagenosen

Definition: Autoaggressionskrankheit mit Störung des Bindegewebsstoffwechsels

Pathologie: Zellwandschäden
Fibrinoide Verquellung

Sklerodermie

Symptome: Schmale Finger
Maskengesicht
Mikrostomie
Ankyloglossum
Mikroglossie
Atrophie und Retraktion der Gingiva
Zahnausfall

Röntgen: Parodontalspalt breiter

Lupus erythematodes

Symptome: Symmetrisches Schmetterlingserythem im Gesicht
Weißliche Wangenveränderungen und Erosionen
Polyserositis
Endokarditis
Leukopenie

Periarteriitis nodosa

Symptome:	Marginale Gingivitis Gefäßzerfall an Endarterien (Herz, Niere)

Dermatomyositis

Definition:	Allergische Allgemeinerkrankung des Bindegewebes
Symptome:	Weinrote Erytheme im Gesicht
Prognose:	50–70% letal

Osteopathien

Chondrodysplasie

Definition:	Erbliche Störung der enchondralen Ossifikation
Pathologie:	Störung des Längenwachstums → Kurze, plumpe Röhrenknochen mit normaler Kortikalis
Symptome:	Unproportionierter Zwerg mit normalem Körper und Rumpf Kurze Extremitäten Sattelnase Hoher Gaumen und Protrusion der Front

Osteogenesis imperfecta

Definition:	Insuffiziente Ausbildung von Knochenbälkchen (Störung der Osteoblasten) Knorpelwachstum normal
Symptome:	*Typ congenita:* Multiple intrauterine Frakturen → Totgeburt *Typ tarda:* Frakturen Verzögerte Heilung Verbiegung von Knochen Blaue Skleren Innenohrschwerhörigkeit Insuffiziente Zement- und Dentinbildung Retinierte Zähne

Prognose: Verschwindet allmählich

Marmorknochenkrankheit (Albers-Schönberg)

Definition: Störung des Umbaus von primärem zu sekundärem Knochen (Störung der Osteoklasten) →
Osteosklerose:
Verdickte Knochen ohne Spongiosa

Symptome: Fraktur
Druckschädigung von Seh- und Hörnerven
Aplastische Anämie
Nekrotisierende Osteomyelitis

Fibröse Dysplasie (Jaffé-Lichtenstein)

Definition: Fehldifferenzierung des Knochens: Ersatz des Markes und der Spongiosa durch fibröses Gewebe mit irregulären Knochenbälkchen

Pathologie: Verdickung und Verformung des Knochens

Formen: Polyostotisch deformierende Osteofibrose mit Schädelbeteiligung
Polyostotisch deformierende Osteofibrose und Pubertas praecox
Mono- oder diostotisch deformierende Osteofibrose
Cherubinismus

Symptome: Auftreibung des Kiefers
Exophthalmus
Okklusionsstörung

Röntgen: Fleckige Homogenisierung oder wabig-zystische Aufhellung
Knochendichte Verschattung der Kieferhöhle

Diagnose: Probeexzision

Differentialdiagnose: Ossifizierendes Fibrom
Osteom
Riesenzellgranulom
Odontogener Tumor
M. Paget
Marmorknochenkrankheit

Therapie: Modellierende Osteotomie
Radikaloperation mit Kieferresektion

Prognose: Spontanheilung möglich

Osteodystrophia generalisata (Recklinghausen)

Definition: Vermehrter Knochenabbau durch Demineralisierung (Hyperparathyreoidismus)

Pathologie: Knochenresorption →
Fibröser Ersatz, Riesenzellgranulome, Knochenzysten

Symptome: Schmerzen
Knochenauftreibung
Spontanfraktur
Nierensteine

Röntgen: Osteoporose
Multiple zystische Aufhellungen
Verlust der Lamina dura und Innenkortikalis des Knochens

Diagnose: Probeexzision

Differentialdiagnose: Knochentumor
Riesenzellgranulom

Therapie: Adenomektomie der Glandula parathyroidea
Kürettage großer Knochenherde

Ostitis deformans (Paget)

Definition: Chronischer, generalisierter, monoostotischer Umbau des Knochens

Pathologie: Feinporige Spongiosa wird fibrös ausgefüllt
Kittlinien unterteilen porösen, bimssteinartigen Knochen

Symptome: Rheumatoide Beschwerden
Verdickung und Verkürzung von Knochen
Löwenkopf (Schädelumfang ↑)
Hypertelorismus
Gaumen flach
Progenie
Zahnwanderung
Hyperzementose

Röntgen: Aufhellung und Verschattung

Diagnose: Probeexzision

Differentialdiagnose: Fibröse Dysplasie
Marmorknochenkrankheit
Osteomyelitis
Osteoplastischer Tumor

Therapie: Modellierende Osteotomie

Rachitis

Definition: Mineralisationsstörung des Osteoids durch Vitamin-D-Mangel

Pathologie: Wachstumsstörung und Verbiegung

Symptome:
Kraniotabes (Schädelkalotte eindrückbar)
Säbelscheidentibia
Quadratschädel
Hoher, schmaler Gaumen
Oberkieferzahnbogen lyraförmig
Protrusion und offener Biß
Schmelzhypoplasien
Dentitio tarda
Kieferwinkel flacher

Prophylaxe: Vigantol (Vitamin D)

Therapie: Kieferorthopädisch oder chirurgisch

Osteomalazie

Definition: Rachitis des Erwachsenen durch Insuffizienz der Nierenfunktion (Phosphatverlust)

Pathologie: Neugebildetes Osteoid verkalkt nicht

Symptome:
Skelettdeformationen
Pulpenkavum ↑

Akromegalie

Definition: Überschießendes Wachstum durch vermehrte Ausschüttung von somatotropem Hormon (STH) bei Hypophysenvorderlappenadenom

Pathologie:	Nach Epiphysenschluß: Akromegalie Vor Epiphysenschluß: Gigantismus
Symptome:	Große Hände und Füße Lippen, Ohren, Jochbein ↑ Progenie
Therapie:	Bestrahlung oder Operation der Hypophyse Evtl. Progenieoperation

Hypophysärer Zwergwuchs

Definition:	Wachstumsstörung durch STH-Mangel Idiopathisch oder durch Tumor
Pathologie:	Unverknöcherte Schädelnähte beim Erwachsenen Normale Intelligenz Dentitio tarda Zahnengstand

Erkrankungen des Kiefergelenks

Myoarthropathie

Definition:	Schmerzhafte Funktionsstörung des Kauorgans ohne Änderung der Gelenkstruktur
Ätiologie:	Parafunktionen (psychisch, kompensatorisch, endogen, habituell)
Symptome:	Schmerzen Störung des Bewegungsablaufs Seitenabweichung bei Mundöffnung Gelenkknacken Schliffacetten Muskelverspannung
Therapie:	Einschleifen Aufbißschiene Isometrische Muskelübungen Mikro- oder Kurzwelle Kortison intraartikulär Psychotherapie

Arthritis

Definition:	Entzündung des Kiefergelenks
Ätiologie:	Unspezifisch (nach Otitis, Parotitis, Osteomyelitis, Abszeß) Spezifisch (bei Tbc, Lues) Rheumatisch

Akute Arthritis

Symptome:	Druckschmerzen Schwellung Bewegungsschmerzen (Kapselspannung durch Erguß) Bonnet-Schonhaltung (Unterkiefermitte zur gesunden Seite) Stauchungsschmerzen Kieferklemme Lymphknoten ↑
Röntgen:	Breiter Gelenkspalt
Differentialdiagnose:	Parotitis
Ausbreitung:	Mittelohr Parotis Retromaxillär Parapharyngeal Pterygomandibulär Masseterikomandibulär
Therapie:	Antibiotikum hochdosiert Feuchte Verbände Erguß: Punktion oder Inzision

Chronische Arthritis

Symptome:	Druckschmerzen und Schwellung geringer Bewegungsschmerz Verlötung im oberen Gelenk → Unterkieferabweichung zur kranken Seite
Komplikationen:	Arthrosis deformans Ankylose
Differentialdiagnose:	Deformierende Arthropathie

Therapie:

Bewegungsübungen
Mikro- oder Kurzwelle
Kortison intraartikulär

Arthrosis deformans

Definition:

Degenerative Erkrankung mit primärer Schädigung des Gelenkknorpels und sekundärem Knochenumbau → Deformierung des Gelenkes

Ätiologie:

Belastung > Widerstandskraft
Organisch:
Gelenkfraktur, Kontusion, Arthritis
Funktionell:
Parafunktionen

Symptome:

Schmerzen morgens
Gelenkgeräusch
Bewegungsstörung

Röntgen:

Deformierung der Gelenkfläche
Gelenkspalt schmaler
Randzacken

Differentialdiagnose:

Chronische Arthritis
Myofaziales Schmerzsyndrom
Trigeminusneuralgie
Gelenkkontusion

Therapie:

Ausschaltung der Ursachen
Bewegungsübungen
Aufbißschiene
Mikro- oder Kurzwelle
Kortison intraartikulär
Evtl. Operation

Luxationen

Subluxation

Definition: Inkomplette meniskokondyläre Luxation nach ventral oder dorsal, nur Diskus verlagert

Ätiologie: Traumatisch
Habituell-funktionell

Symptome: Nach ventral:
Mundöffnung behindert
Unterkieferabweichung zur kranken Seite
Nach dorsal:
Fehlende Okklusion

Therapie: Manuelle Reposition

Luxation

Definition: Kondylus und Diskus stehen vor Tuberkulum articulare

Fixierte, habituelle Luxation

Ätiologie: Gähnen
Psychosomatisches Fehlverhalten

Symptome: Unterkiefer in Vorbißstellung
Halboffener Mund kann nicht geschlossen werden
Unterkieferabweichung zur gesunden Seite
Haut über Kiefergelenk eingezogen

Therapie: Handgriff nach Hippokrates
Psychotherapie
Evtl. Verriegelungsoperation

Nicht fixierte, habituelle Luxation

Ätiologie: Myoarthropathie
Tiefer Biß

Symptome: Terminales Knacken
Spasmus des M. pterygoideus lat.

Therapie: Aufbißschiene
Isometrische Muskelübungen
Kurz- oder Mikrowelle
Operation

Röntgen: Nach PARMA

Zentrale Luxation

Definition: Durchbruch des Kondylus in mittlere Schädelgrube

Symptome: Offener Biß auf gesunder Seite

Therapie: Kondylektomie

Ankylose

Definition: Narbige oder knöcherne Verwachsung eines Gelenkes

Ätiologie: Entzündung (Osteomyelitis, Arthritis, Otitis)
Frakturen

Symptome: Mundöffnung behindert
Fixierung in zentraler Okklusion
Gesichtsasymmetrie

Differentialdiagnose: Kieferklemme bei Arthritis, Arthropathia deformans, reflektorisch

Therapie: Dehnungsbehandlung (Spatel)
Operative Durchtrennung

Erkrankungen der peripheren Nerven

Dolor localisatus

Symptome: Schmerz an Reizungsstelle

Dolor proiectus

Symptome: Schmerz entlang irritierter peripherer Nervenbahnen

Dolor translatus

Symptome: Schmerz von Reizungsstelle direkt fortgeleitet (nicht entlang peripherer Nerven)

Neuralgie

Definition: Paroxysmaler Dolor proiectus

Symptome:
- Kurzer, stechender Schmerz
- Triggerzone
- Freies Intervall
- Im peripheren Versorgungsgebiet eines Nerven

Neuralgiformer Schmerz

Definition: Dauernder Dolor translatus

Symptome:
- Bohrender, brennender Schmerz
- Keine Triggerzone

Kausalgie

Symptome: Brennender Schmerz

Prosopalgie

Definition: Nicht neuralgiformer Gesichtsschmerz

Trigeminusneuralgie (Tic douloureux)

Ätiologie:

Idiopathisch: (Essentiell)
Durchblutungsstörung des Ggl. Gasseri

Symptomatisch:
Pulpitis
Apikale oder marginale Parodontitis
Post-Op.
Alveolitis
Zyste
Tumor
Sinusitis maxillaris
Alkohol, Diabetis

Symptome:

Idiopathisch:
Blitzartige Schmerzattacke
Einseitig
Triggerbar
Hautreizung und Tränen- und Speichelfluß
Pupillen weit
Nervenaustrittspunkte druckempfindlich

Symptomatisch:
Dauerschmerzen
Nicht streng lokalisiert

Diagnose:

Vitalitätsprobe
Röntgen

Differentialdiagnose: Sluder-Neuralgie
Neuralgie des N. intermedius
Neuralgie des N. facialis
Costen-Syndrom

Therapie: Ausschalten der Ursache
Tegretal
Vitamin B_{12}
Depot-Impletol
Leitungsunterbrechung mit 90%igem Alkohol
Koagulation des Ggl. Gasseri

Prognose: Rezidive

Trigeminusneuritis

Ätiologie: Osteomyelitis
Alveolitis
8er-Operation

Symptome: Dauerschmerzen
Hyp- oder Parästhesien

Therapie: Ursache ausschalten
CHKM-Einlage
Depot-Impletol
Injektion von 20–30%igem Alkohol

Aurikulotemporales Syndrom

Symptome: Haut vor dem Ohr gerötet
Schweißausbruch
Brennender Schmerz

Therapie: Durchtrennung des N. auriculotemporalis

Neuralgie des N. glossopharyngeus

Ätiologie:
Idiopathisch
Symptomatisch:
Tumor
Strahlen

Symptome:
Einseitiger, stechender Schmerz im Rachen beim Gähnen, Schlucken, Essen, Husten

Differentialdiagnose:
Trigeminusneuralgie
Fazialisneuralgie
Mastoiditis

Therapie:
Extrakranielle Durchtrennung

Fazialisparese

Ätiologie:
Symptomatisch:
Herpes zoster oticus
Melkersson-Rosenthal-Syndrom
Mandibularanästhesie

Symptome:

Periphere Fazialisparese:
Ausfall der mimischen Muskulatur →
Mundwinkel hängt
Mund weicht zur gesunden Seite ab
Nasolabialfalte verstrichen
Pfeifen unmöglich
Stirnrunzeln unmöglich
Bell-Phänomen:
Weiße Sklera sichtbar

Zentrale Fazialisparese:
Stirnast nicht beteiligt →
Bell-Phänomen fehlt
Geschmack, Tränen- und Speicheldrüsensekretion normal

Therapie:

Kortikoide
Nikotinsäure
Vitamin B
Reizstrom
Operative Dekompression im Falloppischen Kanal
Spätoperation (nach 1 Jahr):
Muskuläre Neurotisation
Faszienplastik
Face lifting
Tarsorrhaphie

Tic convulsif

Definition: Krämpfe des N. facialis

Ätiologie:

Symptomatisch:
Epilepsie
Tetanie
Tetanus

Symptome: Klonische oder fibrilläre Zuckungen im Gesicht

Therapie: Operative Leitungsunterbrechung

Traumatologie der Zähne und der Kiefer

Zahntraumata

Zeitpunkt des Traumas: <2 Jahre: Kaum Schäden
<5 Jahre: Keimstauchung → Mißbildung der Wurzelspitze
7–10 Jahre: Problem des nicht abgeschlossenen Wurzelwachstums

Therapie beim Jugendlichen

Schmelzabsplitterung

Therapie: Glätten
Touchieren mit Fluorlack

Schmelz-/Dentin-Fraktur

Therapie:

<2 mm²: Säure-Ätz-Technik und Kompositefüllung

>2 mm²: *Primär:*
$Ca(OH)_2$ und Ph-Zement für 6 Wochen
Sekundär:
TMS-Stift und Kunststoffhülsenkrone

Mit Eröffnung der Pulpa:

Nicht abgeschlossenes Wurzelwachstum: Vit-Amp → $Ca(OH)_2$ → Krone

Abgeschlossenes Wurzelwachstum:	Direkte Überkappung (punktförmige Pulpa aperta) Vit-Ex (breitflächige Pulpa aperta)

Wurzelfraktur

Prognose:	Restitutio ad integrum unmöglich Verkittung durch Osteozement → Pseudarthrose (bindegewebige Heilung)
Therapie:	
Koronares Drittel:	Wurzelfüllung → Extraktion oder intradentale Schienung und Stiftkrone
Mittleres Drittel:	Intrakanalikuläre Schienung oder Lühr-Spezialschraube oder Extraktion
Apikales Drittel:	Wurzelspitzenresektion und Wurzelfüllung

Kontusion

Symptome:	Taubes oder summendes Gefühl am Zahn Vitalität pos., Perkussion pos.
Komplikationen:	Desmodontale Blutung Schädigung der Pulpa
Therapie:	Schienung für 2 Wochen

Luxation ohne Dislokation

Symptome:	Zahn locker, aber in situ Marginale Blutung
Therapie:	Schienung für 4 Wochen

Luxation mit Dislokation

Symptome:	Oft Fraktur der Alveole Zahn locker und disloziert
Therapie:	Reposition Schienung für 6–8 Wochen

Vollständige Luxation

Symptome:	Alle Sharpeyschen Fasern gerissen Zahn vollständig außerhalb der Alveole
Therapie:	<30 Min.: Replantation Schienung für 6–8 Wochen Wurzelfüllung (bei abgeschlossenem Wurzelwachstum) Ansonsten: Prothetik Kieferorthopädie

Spätfolgen

Pathologie:	Irreguläres Wurzelwachstum Obliteration der Pulpa Interne oder externe Wurzelresorptionen Nekrose der Pulpa Sichelzahn

Chronische Traumata an Zähnen

Abrasionen

Ätiologie: Parafunktionen

Symptome: Schliffacetten
Kontaktflächen

Folge: Marginale Parodontitis
Eröffnung von Dentinkanälchen

Usuren

Ätiologie: Pfeife
Zahnseide

Symptome: Keilförmige Defekte

Hyperzementose

Ätiologie: Funktionelle Überbelastung
Entzündung

Symptome: Verdickung der Wurzel

Wurzelresorptionen

Ätiologie: Funktionelle Überbelastung

Symptome: Resorption an Druckseite
Apposition an Zugseite

Alveolarfortsatzfrakturen. Von E.-D. Voy

Symptome: Dislokation und/oder pathologische Beweglichkeit von Zahn und Alveolarfortsatz

Keine Kontinuitätsunterbrechung des Unterkiefers

Röntgen: Frakturlinien im Alveolarfortsatzbereich

Therapie: Reposition
Schienung 6–8 Wochen
Große Fragmente: Intermaxilläre Fixation 4 Wochen

Unterkieferfrakturen. Von E.-D. Voy

Symptome: Schmerzen
Deformierung, Knochenstufen
Pathologische Beweglichkeit
Blutung aus dem Mund
Schwellung (Hämatom)
Krepitation
Okklusionsstörung
Bewegungseinschränkung
Sensibilitätsstörung V_3

Röntgen: Orthopantomogramm und Schädel nach Clementschitsch:
Frakturlinien
Zahn im Bruchspalt

Therapie: Reposition
Oberkiefer-Unterkiefer-Schienung
Intermaxilläre Fixation
i. o. oder e. o. Drahtnaht oder Plattenosteosynthese (Druckplatte)

Gelenkfortsatz- und Kiefergelenkfrakturen

Symptome: Druckschmerz über Kiefergelenk
Mundöffnung eingeschränkt

Mundöffnung zur verletzten Seite abweichend
Okklusionsstörung
Evtl. Blut aus dem Ohr (Gehörgangbeteiligung)

Röntgen: Orthopantomogramm und Schädel nach CLEMENTSCHITSCH:
Frakturlinien
Leere Gelenkpfanne

Komplikationen: Gehörgangsfraktur

Therapie: Oberkiefer-Unterkiefer-Schienung und intermaxilläre Fixation für 14 Tage →
Übungsbehandlung mit Funktionskieferorthopädie-Gerät (Aktivator)
Bei stark dislozierten, tiefen Gelenkfortsatzfrakturen:
Operative Revision
Miniplattenosteosynthese

Mittelgesichtsfrakturen. Von E.-D. VOY

Definition: *Zentrale Mittelgesichtsfraktur:*
Le Fort I (GUÈRIN)
Le Fort II (Pyramidalfraktur)
Nasenbeinfraktur
Nasoethmoidalfraktur

Laterale Mittelgesichtsfraktur:
Jochbeinfraktur
Jochbogenfraktur
Orbitalfraktur
Blow-out-Fraktur

Zentrolaterale Mittelgesichtsfraktur:
Le Fort III
Kombinationen

Symptome:

Blut aus Mund und/oder Nase
Brillenhämatom (bei Le Fort II und III)
Deformierung, Knochenstufen (Dish face)
Okklusionsstörung (frontal offener Biß)
Krepitation
Sensibilitätsstörung V_2 (bei Le Fort II, Jochbein-Orbitaboden-Fraktur)
Doppelbilder (Bulbusmotilitätsstörung)

Röntgen:

Nasennebenhöhlen und Schädel axial, sog. Henkeltopf, Schädel seitl.:
Direkte Frakturzeichen:
Frakturlinien
Dislokation
Indirekte Frakturzeichen:
Hämatosinus (Verschattung der Kieferhöhle)

Komplikationen:

Frontobasisfraktur
Liquorfistel
Direkte Bulbusverletzung
Weichteilverletzung
Nervenverletzung (N. facialis)

Therapie:

Reposition
Oberkiefer-Unterkiefer-Schienung und intermaxilläre Fixation
Fronto- oder zygomatikomaxilläre Aufhängung
Drahtnähte oder Miniplattenosteosynthese
Ggf. Orbitabodenplastik
Nasentamponade
Nasengips

Jochbein-, Jochbogen- und Orbitabodenfraktur

Symptome:

Monokelhämatom
Bulbusfehlstellung
Doppelbilder
Sensibilisierungsstörung V_2
Mundöffnung behindert
Deformierung (Abflachung), Knochenstufen

Röntgen:

Wie Mittelgesichtsfraktur

Therapie:

Perkutane Reposition
Drahtnaht oder
Miniplattenosteosynthese
Orbitabodenrevision
Ggf. Orbitabodenplastik

Fehlbildungen

Ätiologie:

Entwicklungsstörung familiär:
Änderung der Erbanlage
Entwicklungsstörung lokal:
Dysontogenetisch (Konstruktionsfehler)
Dysplastisch (Materialfehler)

Lippen-Kiefer-Gaumenspalten. Von E.-D. Voy

Ätiologie:

20–30% rezessiver oder dominanter Erbgang
70–80% exogen:
Medikamente
Alkohol
Nikotin
Umweltgifte
Ionisierende Strahlen
Infektionskrankheiten

Häufigkeit:

1:500
15–20% Lippe bzw. Lippe-Kiefer
50% durchgehende Lippen-Kiefer-Gaumenspalten
30–35% isolierte Gaumen- und Gaumensegelspalten

Einteilung:

A. Spalten des primären Gaumens:

1. Lippenspalten:
   Komplett
   Inkomplett
   Imaginär
2. Kieferspalten:
   Komplett

Inkomplett
Imaginär

Jeweils ein- oder beidseitig

B. Spalten des sekundären Gaumens:

1. Hartgaumenspalten:
   Komplett
   Inkomplett
   Imaginär
2. Gaumensegelspalten:
   Komplett
   Inkomplett
   Imaginär

Jeweils ein- oder beidseitig

C. Spalten des primären und sekundären Gaumens:

1. Komplette Lippen-Kiefer-Gaumenspalten
2. Seltene Kombinationen aus 1. und 2.

Jeweils ein- oder beidseitig

Therapie:

5–6 Mon.:
Lippenspaltverschluß
Evtl. Kieferspaltverschluß

1,5–2 J.:
Hart- und Weichgaumenverschluß (unterschiedliche Schulen)

6 J.:
Nasenflügelkorrektur
Lippenkorrektur
Sprachverbessernde Operation

16–18 J.:
Kieferorthopädie, Operation
Nasenosteotomie

Komplikationen: Chron. Otitis media
Chron. Mittelohrerguß
Gehörverlust, Sprachprobleme
(HNO: Paukenröhrchen, Logopädie
Dysgnathien: Kieferorthopädie, evtl. Operation)

Entwicklungsstörungen

Dysostosis cleidocranialis

Definition: Dominante Fehlbildung der Knochenbildungszentren

Symptome: Aplasie, Hypoplasie oder Dysarthrosen der Klavikula
Hypoplasie des mittleren Gesichtsschädels
Nasensteg eingesunken
Fontanellenschluß verzögert
Überzählige Zähne
Dentitio tarda
Pseudoprogenie
Lippen-Kiefer-Gaumenspalten
Spitzer Gaumen

Therapie: Operative Entfernung retinierter Zähne
Kieferorthopädie

Dysostosis craniofacialis (Morbus Crouzon)

Definition: Vorzeitige Verknöcherung der Schädelnähte

Ätiologie: Dominant vererbt
Embryopathia rubeolosa
Röntgenstrahlen

Symptome: Schädel sagittal kurz und transversal breit
Flache Orbita, Exophthalmus und Strabismus divergens
Papageiennase
Hypertelorismus
Sehnervenatrophie
Innenohrschwerhörigkeit
Zahnengstand
Offener Biß
Hoher, V-förmiger Gaumen
Pseudoprogenie
Gaumen-Velum-Spalte

Therapie: Le-Fort-III-Osteotomie
Andere kraniofaziale Eingriffe
Kieferorthopädie

Dysostosis mandibulofacialis (Franceschetti-Syndrom)

Definition: Hypoplasie des Gesichtsschädels

Ätiologie: Dominante Fehlbildung des 1. und 2. Kiemenbogens

Symptome: Antimongoloide Lidspalte
Aplasie oder Dysarthrose der Kiefergelenke
Unterlidkolobom
Ohrmißbildung und Schwerhörigkeit
Offener Biß
Kiefer- und quere Gesichtsspalten

Therapie: Plastische Chirurgie
Kieferorthopädie

Dysostosis multiplex (Pfaundler-Hurler-Syndrom)

Definition: Mangelhaft verkalkter Knochen

Ätiologie: Erblich
Speicherkrankheit von Mukopolysacchariden und Fett

Symptome: Wasserspeierfigur:
Tatzenartige Finger
Kurzer Hals
Wulstige Lippen
Große Zunge
Tief eingezogene Nasenwurzel
Gedrungener Stamm
Gaumenspalten

Therapie: Keine (kausal)

Pierre-Robin-Syndrom

Ätiologie: Verzögerte Absenkung der Zunge

Symptome: Atemstörung
Mikroglossie
Fliehendes Kinn
Gaumenspalte

Therapie: Extension des Unterkiefers
Verschluß der Spalte
Kieferorthopädie

Dysplasia linguo-facialis

Symptome: Breite Nase
Schüttere Haare
Multiple Talgretentionszysten
Hydrokephalus
Handmißbildung

	Gaumenspalte Schmalkiefer Mediane Lippenspalte
Therapie:	Spaltenschluß

Ektodermale Dysplasien

Anhidrosis hypotrichotica

Symptome:	Schweißsekretion ↓ Unterbehaarung Chron. Nasenschleimhautentzündungen Gestörte Hautpigmentierung Dünne Haut Wulstige Lippen Zahnunterzahl Zahnformanomalie

Incontinentia pigmenti

Symptome:	Fehlpigmentierung der Haut

PHC-Syndrom

Symptome:	Vorzeitiges Ergrauen der Haare Hyperhidrosis Aplasie der Prämolaren

Epidermolysis bullosa hereditaria (Herlitz-Syndrom)

Symptome:	Auflösung der Epidermis in Blasen Fehlen von Fingernägeln und Haaren

Insuffiziente Schmelzbildung
Blasen in der Pulpa

Akzessorische Zähne

Definitionen:

Mesiodens:	Zusatzzahn in Medianebene des Oberkiefers
Herbst-Odontoid:	Mesiodens ohne besondere Form
Para- oder Distomolar:	9er

Dentes connatales

Symptome: Zahn bei der Geburt

Formanomalien

Hutchinson-Zähne

Ätiologie: Umwandlung des Zahnsäckchens in fibröses Gewebe und Degeneration der Ameloblasten nach Lues connata

Symptome: Inzisivi:
Verschmälerte Inzisalkanten und Einziehungen
Molaren:
Maulbeerzahn mit unregelmäßigen Höckern und Fissuren

Zapfenzahn

Definition: Zapfenförmige seitliche Inzisivi

Dens in dente

Definition: Sackartige Einstülpung des Schmelzes in die Pulpa an seitlichen, oberen Inzisivi

Zwillingszahn

Definition: Sonderform des Dens in dente mit zwei Kronen, einer Wurzel und einer Pulpa

Schmelzhypoplasie

Ätiologie:
Hereditär
Hypoparathyreoidismus
Rachitis

Symptome: Unterentwicklung des Schmelzes

Hereditäre Zahnerkrankungen

Amelogenesis imperfecta

Definition: Störung der Schmelzbildung (X-chromosomal)

Symptome:
♂:
Dünner, brauner Schmelz
Abrasionen
Karies
♀:
Welliger, vertikal gerillter Schmelz
Grübchen

Dentinogenesis imperfecta

Definition:	Systemerkrankung mesenchymaler Gewebe
Ätiologie:	Hereditäre Störung der Dentinbildung
Symptome:	Dünner, glasiger Schmelzmantel Weicher Dentinkern Kurze Wurzel Blaugraue Zahnfarbe Obliterierte Pulpa

M. haemolyticus neonatorum

Definition:	Autoimmunerkrankung gegen körpereigene Erythrozyten
Ätiologie:	Rh-Unverträglichkeit
Symptome:	Grün-blaue Milchzähne

Durchbruchsstörungen

Dentitio praecox

Ätiologie:	Zu oberflächliche Lage der Zahnkeime
Symptome:	Früher Zahndurchbruch Wurzeln zu kurz
Therapie:	Extraktion

Dentitio tarda

Ätiologie:

Hypophysärer Zwergwuchs
Hypothyreose
Dysostosis cleidocranialis
Hemiatrophia faciei

Tumoren

Allgemeines

Definitionen:

Tumor:	Wachstumsstörung mit autonomer Neubildung von Zellen (dysreguliert)
Abhängig regulierte Überschußbildung:	Wachstumsimpuls über nervale, hormonelle, humorale Regenerationssysteme z. B.: Überschußregenerate Hypertrophie Hyperplasie
Reaktive Hyperplasien:	Überschußbildung entzündlicher Natur
Überschußregenerate:	Überschießendes Wachstum bei Geweberegeneration z. B.: Keloid Neurom Kallus
Hypertrophie:	Vermehrung des Gewebes durch *Vergrößerung* der Zellen
Hyperplasie:	Vermehrung des Gewebes durch *Vermehrung* von Zellen

Wachstum:	Verdrängend Infiltrierend Destruierend

Benigner Tumor:	Scharf abgegrenzt Oft Bindegewebskapsel Verdrängendes Wachstum Selten infiltrierend
Maligner Tumor:	Infiltrierendes oder destruierendes Wachstum Metastasen
Reifegrad:	Typisch – homolog – benigne Atypisch – heterolog – maligne Anaplastisch – völlig entdifferenziert – maligne
Zytologie:	Polymorphie Kern-Plasma-Relation zum Kern hin verschoben Hyperchromasie Mitoserate ↑
Stoffwechsel:	Energie durch Glykolyse Albumin ↓ und Globulin ↑ BSG ↑ Proteinbedarf ↑ Anämie
Entstehung:	1. Reiztheorie nach VIRCHOW: Summationseffekt unterschwelliger chronischer Reize → Tumor 2. Theorie der Fehlregeneration: Entzündung → tumoröser Überschußregeneration 3. Tumorentstehung durch Infekt: Chronischer Reiz durch Infekt → Tumor 4. Virustheorie: Virus (z. B. Epstein-Barr-Virus) →Tumor 5. Theorie der Keimversprengung:

	Embryonale Fehlentwicklung → Tumor
	6. Mutationstheorie: Entwicklungsstörung → Tumor
Hamartie:	Gewebsfehlbildung als Entwicklungsstörung
Hamartom:	Fehlbildung von Geschwulstcharakter, aber keine echte Geschwulst

Therapie:

Ausschälung:	Stumpfe Präparation bei bindegewebiger Kapsel
Exzision:	Scharfe Präparation im Gesunden
Exkochleation:	Ausschälung im Knochen
Periphere Osteotomie:	Exzision im Knochen
Unterkieferresektion:	Entfernung eines Unterkiefersegmentes
Oberkieferresektion:	Entfernung des zahntragenden Oberkiefers und des Gaumens
Neck-dissection:	*Ausräumung von:* Supraklavikulargrube Seitliches Halsdreieck Untere Sternokleid.-Region Karotisdreieck Submandibularloge Submentalloge *Drüsen:* Gl. submandibularis Unterer Parotispol *Gefäße:* V. iugularis int. V. iugularis superfic. *Nerven:* N. hypoglossus

N. accessorius
Plexus cervicalis

Muskeln:
Platysma
M. sternocleidomastoideus
M. biventer
M. stylohyoideus

Lymphknoten und Fettgewebe

Funktionelle Neck-dissection:
Entfernung von: Lymphknoten und Fettgewebe
Erhalten von: Muskeln, Nerven, Gefäßen

Suprahyoidale Ausräumung:
Ausräumung von:
Submandibularloge
Submentalloge
Oberes Karotisdreieck

Defektdeckung:

primär:
Einzeitig mit Radikaloperation:
Zusammenziehen der Wundränder
Freies Hauttransplantat
Verschiebe- oder Rotationslappen
Fernlappen
Rippen- oder Beckenkammtransplantate

sekundär:
Zweizeitig nach Radikaloperation:
Nah- oder Fernlappen
Beckenkammtransplantat
Resektionsprothese
Obturator
Epithese

Strahlentherapie:

Indikation:
Hohe Mitoserate
Lebhafter Stoffwechsel
Gute Durchblutung
Undifferenzierter Tumor

Frühschäden:	1. Grad: Hauterythem 2. Grad: Blase 3. Grad: Ulkus
Spätschäden:	Induration und Xerostomie Alopezie Teleangiektasien Subkutane Fibrosierung Ulkus Ca Stomatitis Osteomyelitis, Osteoradionekrose Speicheldrüsenfibrose Muskelfibrose Schmelzverlust Dentinerweichung
Vorbestrahlung (Indikation):	Ausgedehnter Primärtumor
Nachbestrahlung (Indikation):	Tumor operativ nicht restlos entfernbar Nach abgeschlossener Wundheilung

Einfache Hyperplasien

Definition: Überschußbildungen aus normalem Gewebe

Symmetrische Fibrome

Definition: Kollagenfaserreiche Überschußbildung am Oberkiefer-/Unterkiefer-Alveolarfortsatz

Lokalisation: Symmetrisch am Tuber maxillare

Therapie: Exzision und Deckung

Fibromatosis gingivae

Definition: Zahnfleischverdickung durch vegetative oder hormonelle Dysregulation oder durch Medikamente (Hydantoin)

Therapie: Gingivektomie

Exostosen

Definition: Überschußbildung des Knochens

Therapie: Operative Abtragung

Torus palatinus

Definition: Knochenvorsprung Mitte des harten Gaumens

Therapie: Operative Abtragung

Reaktive Hyperplasien

Definition: Gewebeüberschuß durch Entzündung oder Wundheilung

Narbenkeloid

Definition: Fibromatöser Überschuß nach Verbrennung

Therapie: Operative Abtragung
Post-Op.: Röntgenbestrahlung
Kortisonsalbe

Narbenhypertrophie

Definition: Gewebeüberschuß durch Narben, die unter Spannung stehen

Prognose: Spontanrückbildung

Kallus

Definition: Geflechtknochen im Überschuß bei Frakturheilung

Therapie: Operative Abtragung

Amputationsneurom

Definition: Gewebeüberschuß nach Durchtrennung von Nerven

Therapie: Exzision

Epulis

Definition: Vom Parodontalgewebe ausgehender Überschuß am Alveolarfortsatz

keine echte Tumor, reaktive Granulome,

Epulis granulomatosa

Symptome:
Breitbasiger oder gestielter Gewebeüberschuß
Weich
Leicht blutend
Dunkelrot

Differentialdiagnose:
Granuloma teleangiectaticum
Ca
Metastasen
Epulis gigantocellularis

Epulis fibromatosa

Symptome: Derber Gewebeüberschuß
Halbkugelig
Farbe wie Mundschleimhaut

Differentialdiagnose: Fibrom
Fibromatöse Reizgeschwulst
Fibromatosis gingivae

Epulis gigantocellularis

Symptome: Weicher Gewebeüberschuß
Dunkelrot

Differentialdiagnose: Tumor
Metastasen
Fibrom
Zyste

Epulis osteoplastica

Symptome: Knochenarrosion des Alveolarfortsatzes

Therapie: Exzision
Exkochleation
Evtl. Extraktion

Granuloma teleangiectaticum

Definition: Gefäßreiches Granulationsgewebe

Ätiologie: Bei kleinen mit Streptokokken oder Staphylokokken infizierten Läsionen

Prognose: Spontanheilung oder fibromähnliche Knoten

Therapie:	Exzision
Differentialdiagnose:	Kapilläres Hämangiom

Fremdkörpergranulom

Definition:	Entzündliche Hyperplasie nahe schwer resorbierbarer Substanzen
Symptome:	Scharfer Knoten in der Schleimhaut
Differentialdiagnose:	Fibrom Epulis fibromatosa Ca Metastasen
Therapie:	Exzision

Fibromatöse Reizgeschwulst (Reizfibrom, Prothesenrandfibrom, Lappenfibrom)

Ätiologie:	Chronisches Trauma → überschüssiges Narbengewebe
Symptome:	Lappenartige, gestielte Gebilde
Differentialdiagnose:	Fibrom Epulis fibromatosa Ca Metastasen
Therapie:	Exzision Ursache ausschalten

Histiocytosis X

Definition:	Übergangsform zwischen Entzündung und Tumor

Morbus Hand-Schüller-Christian

Definition: Lipoidgranulomatose

Lokalisation:
Mundschleimhaut
Haut
Knochen

Symptome:
Exophthalmus
Diabetes insipidus
Zahnlockerung
Knotige Verdickung der Gingiva

Röntgen:
Scharfe zystische Aufhellung oder unscharfe osteolytische Prozesse
Landkartenschädel

Differentialdiagnose:
Zyste
Osteomyelitis
Osteolytischer Tumor

Therapie:
Kortison
Zytostatika

Eosinophiles Granulom

Symptome:
Zahn locker
Marginale Parodontitis
Ausgestanzte Knochen- und Schleimhautdefekte

Röntgen:
Unscharfe Begrenzung oder diffuse Aufhellung

Differentialdiagnose:
Zyste
Osteomyelitis
Osteolytischer Tumor
Parodontitis marginalis progressiva

Therapie: Exkochleation
Zytostatika
Kortison

Morbus Abt-Letterer-Siwe (Säuglingsretikulose)

Symptome: Ulzera und Nekrosen der Schleimhaut
Osteolytische Herde
Rotbraune Hautknoten
Generalisiertes makulopapulöses Exanthem
Unterkieferschwellung und Schmerzen
Haut- und Schleimhauthämorrhagien

Prognose: Letal

Präkanzerosen

Definition: Atypische, aber nicht autonome Epithelproliferationen

Präkanzeröse Leukoplakie

Symptome: Papillomatöse Wucherung
Beetartig erhaben
Leukoplakie
Entzündliche Infiltration

Diagnose: Probeexzision

Therapie: Totalexzision

Bullös-erosiver Lichen planus

S. o.

Keratoma senile

Definition: Leukoplakie der Haut

Symptome: Als Cornu cutaneum bei exophytischem Wachstum

Therapie: Exzision

Morbus Bowen

Definition: Dyskeratose

Symptome: Papillomatöse Tumoren der Haut

Differentialdiagnose: Lichen planus
Lupus erythematodes

Therapie: Exzision

Morbus Brill-Symmers

Definition: Großfollikuläres Lymphoblastom

Symptome: Lymphknoten ↑

Differentialdiagnose: Lymphogranulom
Lymphosarkom
Lymphadenitis

Therapie: Bestrahlung

Morbus Dubreuilh

Definition: Präkanzerose Melanose

Symptome: Bräunliche Flecken der Schleimhaut

Differentialdiagnose:
Pigmentnävus
Lentigo
Blauer Nävus

Therapie: Exzision

Benigne mesenchymale Tumoren

Fibrom

Definition: Gekapselter Tumor des Bindegewebes

Pathologie:
Weiches Fibrom:
Zellreich und faserarm
Hartes Fibrom:
Kollagene Fasern
Myxofibrom:
Verschleimung der Grundsubstanz
Xanthom:
Verfettung der Zellen
Angiofibrom: überwiegend Gefäßreichtum

Symptome:
Langsames und verdrängendes Wachstum
Breitbasig oder gestielt
Glatte Oberfläche
Verschieblich
Evtl. Ulkus und Entzündung

Differentialdiagnose:
Lipom
Fremdkörpergranulom
Reizfibrom
Neurofibrom

Therapie: Exzision

Periostales Fibrom

Definition: Dem Kieferknochen aufsitzend

Symptome: Verdrängung von Zähnen

Zentrales Fibrom

Definition: Allseitig vom Knochen umgeben

Symptome: Kiefer aufgetrieben
Zähne verdrängt und locker

Ossifizierendes Fibrom

Definition: Enthält osteoides Gewebe und Knochenbälkchen

Röntgen: Scharfe Aufhellung, evtl. polyzystisch →
Diffuse Verschattung

Differentialdiagnose:

Periostales Fibrom: Epulis
Sarkom

Zentrales Fibrom: Zyste
Osteolytischer Tumor

Ossifizierendes Fibrom: Osteom
M. Paget
Osteoplastische Sarkome

Therapie: Exzision in Weichteilen
Kieferresektion im Knochen

Xanthofibrom (Histiozytom)

Definition:	Tumor aus Makrophagen und Blutgefäßen
Symptome:	Unscharfe, weiche Knoten
Differentialdiagnose:	Fibrom Lipom Myxom Fremdkörpergranulom Granuloma teleangiectaticum
Therapie:	Exzision

Myxom

Definition:	Schleimbildende Geschwulst
Pathologie:	Aus versprengtem ~~embryonal~~em Schleimgewebe
Symptome:	Knotiger, weicher Tumor
Differentialdiagnose:	Fibrom Histiozytom Fremdkörpergranulom
Therapie:	Exzision

Zentrales Myxom

Definition:	Schleimbildende Geschwulst im Knochen
Therapie:	Periphere Osteotomie

Lipom

Definition: Tumor des Fettgewebes und der bindegewebigen Kapsel

Symptome:
Weicher Tumor
Pseudofluktuation
Verschieblich

Differentialdiagnose:
Weiches Fibrom
Neurofibrom
Lymphangiom
Myxom
Histiozytom

Besondere Hinweise:
Lipome schwimmen auf dem Wasser
Langsames Wachstum bis zum Endpunkt

Therapie: Exzision

Chondrom

Definition: Tumor des Knorpelgewebes

Pathologie:
Ossifizierendes Chondrom:
Zusätzliche Knochenbildung

Myxochondrom:
Schleimbildend

Enchondrom:
Im Knochen

Ekchondrom:
Außen auf dem Knochen

Symptome: Rundlicher, derb-elastischer Tumor

Röntgen: Rundliche Aufhellung oder Verschattung (Verkalkung)

Differentialdiagnose:
Zentrales Fibrom
Osteom
Odontogener Tumor
Knochensarkom
Fibröse Dysplasie
M. Paget

Therapie:
Periphere Osteotomie oder Kieferresektion

Osteom

Definition:
Tumor des Knochens

Pathologie:
Osteoma eburneum:
Kompaktaähnlicher Knochen ohne Mark
Osteoid-Osteom:
Fibrom und unregelmäßige Knochenbälkchen

Symptome:
Auftreibung und Deformierung

Röntgen:
Verdichtung

Differentialdiagnose:
Zentrales Fibrom
Chondrom
Knochensarkom
Odontogener Tumor
Fibröse Dysplasie
Sklerosierende Osteomyelitis
Knochensklerose

Therapie:
Periphere Osteotomie oder Kieferresektion

Riesenzellgeschwulst (Osteoklastom)

Besonderer Hinweis:	Häufigster Knochentumor
Definition:	Einheitliche Morphologie verschiedener Genese
Pathologie:	Wie retikuläres Bindegewebe, von Gefäßen und Knochen ausgehend Knochendestruktion von innen und periphere Auftreibung Lokal destruierendes Wachstum!
Symptome:	Auftreibung des Knochens Spontanfraktur Zahn verdrängt und gelockert
Röntgen:	Scharfe Aufhellung und gelappte Ränder Evtl. blasig-polyzystisch oder umschrieben unscharf
Differentialdiagnose:	Zentrales Fibrom Eosinophiles Granulom Fibröse Dysplasie Ameloblastom Sarkom Ca Osteomyelitis
Therapie:	Exkochleation (im Wachstum) Kieferresektion Radikaloperation (bei Rezidiv)

Myom

Definition:	Tumor der Muskulatur
Pathologie:	Leiomyom: Glatter Muskel

Rhabdomyom: Quergestreifter Muskel

Symptome: Erbsengroße Knoten

Differentialdiagnose: Fibrom
Neurofibrom

Therapie: Exzision

Hämangiom

Definition: Tumor mit Hohlräumen, die an das Blutsystem angeschlossen sind

Pathologie: *Kapilläres Hämangiom:*
Bindegewebe mit kapillarähnlichen Gewebslücken, infiltrierend
Kavernöses Hämangiom:
Sinusartige Hohlräume
Dysontogenetischer Tumor
Nach Röntgenstrahlen

Prognose: Angeboren oder postpartal → Stillstand nach 1 J. → Spontanrückbildung möglich

Symptome:

Naevus flammaeus: Weinrotes Hämangiom im Niveau der Haut
Oft im Ausbreitungsgebiet der Trigeminusäste

Planotuberöses Hämangiom: Flache, evtl. feinkörnige rot-blaue Beete

Tubero-nodöses Hämangiom: Aufeinandersitzende blau-rote Knoten

Subkutanes Hämangiom: Bläulich durchschimmernd in tiefen Gewebeschichten

Zentrales Hämangiom: Starke Blutung nach Extraktion

Therapie:
Tätowierung
Kryotherapie
Exzision und Deckung
Kortikoide
Sklerosierende Injektion (NaCl)
Kieferresektion (zentrales Hämangiom)

Differentialdiagnose:

N. flammeus:
M. Osler
M. Sturge-Weber

Kavernöses Hämangiom:
Lymphangiom
Aneurysma
Hämatom
Mukozele
M. Osler

Lymphangiom

Definition: Tumor mit Verbindung zu Lymphgefäßen

Pathologie:

Kavernöses Lymphangiom:
Große Hohlräume mit Endothel

Kapilläres Lymphangiom:
Kapilläre Hohlräume

Zystisches Lymphangiom:
Kongenitale, zystische Hohlräume

Symptome:
Unförmige Verdickung
Bläschenartig
Graurot

Differentialdiagnose: Hämangiom
Lipom
Neurofibrom

Therapie: Exzision
Reduktion des Gewebsüberschusses

Maligne mesenchymale Tumoren (Sarkome)

Sarkome des Bindegewebes, der Muskeln, der Gefäße und des Fettgewebes

Definitionen:

Fibrosarkom: Differenzierter, zell- und faserreicher Tumor

Rundzellsarkom: Undifferenzierter, sehr maligner Tumor des interstitiellen Bindegewebes

Leiomyosarkom: Sarkom glatter Muskulatur

Rhabdomyosarkom: Sarkom quergestreifter Muskulatur

Liposarkom: Sarkom des Fettgewebes, entsteht nicht aus Lipomen

Symptome: Weicher bis derber Gewebsüberschuß
Schleimhaut spiegelnd glatt → Nekrosen mit Ulzera
Spätmetastasen (hämatogen → Lunge)

Therapie: Radikaloperation und Bestrahlung

Osteogene Sarkome

Definitionen:

Osteosarkom:	Osteoplastisches oder osteolytisches Sarkom des Periosts und des Endosts
Chondroides Sarkom:	Sarkom ausgehend von Epiphysen
Chondrosarkom:	Sarkom ausgehend von Periost, Chondromen, kartilaginären Exostosen

Symptome:	Zahn locker Ausfall des N. mandibularis Derbe, nicht gegen den Knochen verschiebliche Schwellung Spät Ulzera
Röntgen:	Aufhellung oder Verdichtung

Differentialdiagnose:

Osteoplastische Tumoren:	Osteom Ossifizierendes Fibrom Hartsubstanzbildende odontogene Tumoren Fibröse Dysplasie M. Paget Osteomyelitis sicca
Osteolytische Tumoren:	Zentrales Fibrom Zentrale Riesenzellgeschwulst Eosinophiles Granulom Osteomyelitis Fibröse Dysplasie

Prognose:	Schlecht
Therapie:	Radikaloperation und Bestrahlung

Sarkome des myeloretikulären Systems

Definitionen:

Retothelsarkom:	Sarkom des retikulären Gewebes der Lymphknoten
Lymphosarkom:	Sarkom lymphoider Zellen (lymphozytisch oder lymphoblastisch)
Lymphogranulom (Morbus Hodgkin):	Sarkom mit Infiltrierung durch granulomatöse Elemente (Sternberg-Riesenzellen)
Ewing-Sarkom:	Retikulosarkom des Knochens
Plasmozytom:	Tumor des blutbildenden Gewebes des Knochens
Lymphatische Leukämie:	Tumor des lymphatischen Systems
Myeloische Leukämie:	Tumor des blutbildenden Knochenmarks

Symptome:	Lymphknoten ↑ Lymphknoten verschieblich → verbacken
Differentialdiagnose:	Lymphadenitis Lymphknotenmetastasen Lymphogranulom Lymphknoten-Tbc M. Boeck Ca
Therapie:	Radikaloperation oder Bestrahlung oder Zytostatika

Epitheliale Haut- und Schleimhautgeschwülste

Papillom

Definition: Benigner fibro-epithelialer Tumor

Symptome:
Solitär oder multipel
Erbsengroß
Gestielt oder breitbasig
Zottige Oberfläche

Lokalisation:
Zunge
Gaumen

Differentialdiagnose:
Ca
Reizhyperplasie

Multiple Papillome

Definition: Entzündliche oder mechanisch bedingte Hyperplasien

Therapie: Exzision

Basaliom

Definition: Semimaligner, epithelialer, von der Haut ausgehender Tumor

Pathologie:
Infiltrierend und destruierend
Solides Basaliom:
Aus Basaliomsträngen
Adenoides Basaliom:
Drüsenähnlich

Ätiologie:
Strahlen
Arsen

Symptome:

Knötchenförmige Basaliome:
Derbe, erbsengroße intrakutane Knoten
Perlartig gehöckerte Oberfläche
Gelb-braun
Schuppen

Ulkus rodens:
Ulzera und Schorf in Knötchen (Atrophie)
Randsaum und Teleangiektasien

Epithelioma planum cicatricans:
Oberflächliches, atrophierendes, vernarbendes Basaliom
Erhabene, rotbraune, schuppende Flecken

Ulcus terebrans:
Infiltrierendes und destruierendes Tiefenwachstum
Basaliomzapfen in Subkutis, Muskeln, Knochen, Knorpel
Keine Metastasen
Ulzera, Entzündung → Meningitis
Dauer 10–15 J.

Differentialdiagnose:
Tubero-serpiginöse Syphilide
Lupus vulgaris
Haut-Ca

Therapie:
Bestrahlung
Exzision

Zungengrundstruma

Definition:
Benigner, dysontogenetischer Tumor aus Resten des Ductus thyreoglossus

Symptome:	Erbsengroßer Tumor am Zungengrund
Differentialdiagnose:	Glossitis rhombica mediana
Therapie:	Exzision

Karzinome

Definition:	Maligne Tumoren des Epithels
Pathologie:	Verhornendes Plattenepithel-Ca Nicht verhornendes Plattenepithel-Ca Anaplastisches Ca
Symptome:	
Papillomatös:	Exophytischer, blumenkohlartiger oder flachknotiger Tumor Infiltrierend in die Tiefe wachsend Zentrales Ulkus
Ulzeriert:	Kraterförmiges Ulkus Ulkusgrund grau-rötlich Gelb-graue Fibrinbeläge
Metastasen:	Regionäre Lymphknoten → Ductus lymphaticus → Blutbahn → Lunge
Therapie:	T_1: Bestrahlung oder Operation T_2: Radikaloperation T_3: Radikaloperation und Nachbestrahlung

Karzinommetastasen in der Mundhöhle

Pathologie:	Hämatogen
Herkunft:	Mamma-Ca Hypernephrom Bronchial-Ca Schilddrüsen-Ca Darm-Ca Prostata-Ca
Lokalisation:	Unterkiefer > Oberkiefer
Symptome:	Knotige Gebilde Früh Ulzera Parästhesie des N. mentalis Zahn locker Kiefer aufgetrieben Spontanfraktur
Röntgen:	Umschriebene, unscharfe Aufhellung
Differentialdiagnose:	Osteolytische Prozesse
Diagnose:	Probeexzision

Odontogene Tumoren

Definition:	Tumor vom Zahn oder der Zahnleiste ausgehend

Ameloblastom

Definition:	Tumor des Zahnleistenepithels (dysontogenetisch)

Pathologie:
Solide oder zystisch
Ähnelt Basaliom
Keine Hartsubstanzbildung
Langsam und benigne

Symptome:
Auftreibung des Knochens
Zahn locker und verdrängt
Einbruch in Weichteile

Prognose:
Entartung möglich

Röntgen:
Mono- oder polyzystische Aufhellung
Verschattung der Kieferhöhle

Differentialdiagnose:
Zyste
Zentrale Riesenzellgeschwulst
Zentrales Fibrom
Ameloblastisches Fibrom
Fibröse Dysplasie

Therapie:
Periphere Osteotomie oder
Kieferresektion

Akanthotisches Ameloblastom

Definition:
Verhornendes Ameloblastom

Odontom

Definition:
Epithelialer, mesenchymaler Tumor

Ameloblastisches Fibrom (weiches Odontom)

Pathologie:
Vorwiegend Bindegewebe

Symptome:
Kiefer aufgetrieben
Zahn verdrängt

Röntgen: Scharfe Aufhellung im Knochen

Differentialdiagnose: Zentrales Fibrom
Zentrale Riesenzellgeschwulst
Ameloblastom
Zyste

Therapie: Periphere Osteotomie oder
subperiostale Kieferresektion
Exkochleation (bei Kindern)

Ameloblastisches Odontom

Definition: Ameloblastisches Fibrom und Hartsubstanzbildung

Symptome: Auftreibung des Kiefers
Zahn verdrängt

Röntgen: Scharfe zystische Aufhellung oder
unscharfe Aufhellung mit
Verschattung innen

Differentialdiagnose: Ossifizierendes Fibrom
Osteom
Osteoplastisches Sarkom

Hartes Odontom

Pathologie: *Komplexes Odontom:*
Konglomerat von Zement, Dentin, Schmelz
Zusammengesetztes Odontom:
Zement, Dentin, Schmelz differenzierbar

Symptome: Knochen aufgetrieben
Infekt und Sequester und Osteomyelitis

	Durchbruch durch Schleimhaut
Röntgen:	*Komplexes Odontom:* Wolkige, kompakte Verschattung mit Parodontalspalt *Zusammengesetztes Odontom:* Differenzierte Verschattung einzelner Substanzen und Parodontalspalt
Differentialdiagnose:	Ossifizierendes Fibrom Osteom Dentinom Zementom
Therapie:	Exkochleation

Mesenchymale, odontogene Tumoren

Zementbildendes Fibrom

Pathologie:	Bindegewebe und zementartige Substanz
Symptome:	Langsam Kiefer aufgetrieben
Röntgen:	Runde, scharfe Aufhellung oder unscharfe Aufhellung und Verschattung innen Evtl. fleckige Zeichnung
Differentialdiagnose:	Ameloblastisches Odontom Ossifizierendes Fibrom Osteom Osteoplastisches Sarkom
Therapie:	Periphere Osteotomie

Zementom

Pathologie: Wenig Bindegewebe und Zement
Inaktive Form des Zementoblastoms

Symptome: Kiefer aufgetrieben

Röntgen: Begrenzte, wolkige Verschattung

Differentialdiagnose: Komplexes Odontom
Osteom
Knochensklerose

Therapie: Operative Entfernung

Dentinom

Pathologie: Inaktive Form des Dentinoblastoms

Symptome: Kiefer aufgetrieben

Röntgen: Begrenzte, wolkige Verschattung

Differentialdiagnose: Komplexes Odontom
Osteom
Knochensklerose

Therapie: Operative Entfernung

Tumoren der Speicheldrüsen

Pathologie: 80% vom Epithel ausgehend

Lokalisation: Meist Parotis

Diagnose: Probeexzision

Monomorphes Adenom

Definition:	Benigner, epithelialer Tumor mit Kapsel
Symptome:	Abgegrenzter, höckeriger Tumor
Prognose:	Entartung möglich

Adenolymphom

Definition:	Benigner, drüsig-zystischer Tumor mit Kapsel
Symptome:	Langsam wachsender, runder, abgegrenzter Tumor
Prognose:	Selten Entartung

Pleomorphes Adenom

Definition:	Benigner Mischtumor aus epithelialen und mesenchymalen Strukturen
Symptome:	Rundlicher, praller, verschieblicher Tumor Nie Fazialisparese
Prognose:	Selten Entartung
Röntgen:	Oft negativ

Azinozelluläres Karzinom

Symptome:	Parotisschwellung Fazialisparese (bei Entdifferenzierung)

Mukoepidermoides Karzinom

Definition: Maligner Tumor aus epithelialen Strängen und Schleim

Symptome: Prall-elastischer Parotisknoten

Zylindrom

Definition: Maligner adenoid-zystischer Tumor

Symptome:
Ulzera
Unregelmäßig begrenzte Knoten sublingual, submandibulär

Röntgen: Unregelmäßige, unscharfe Aufhellungen

Karzinom der Speicheldrüsen

Pathologie:
Adenokarzinom
Karzinom im pleomorphen Adenom
Undifferenziertes Karzinom
Plattenepithelkarzinom

Symptome:
Unscharfe, unregelmäßige Knoten
Ulkus
Fazialisparese
Lymphogene Metastasen

Therapie:

Parotistumor:

Benigne:
Ausschälung
Rezidiv:
Konservative Parotidektomie (N. facialis erhalten)
Maligne:

	Radikale Parotidektomie und Neck dissection
Submandibularis, sublingualis:	Exstirpation der Drüse

Pigmentbildende Tumoren

Definition:	Tumor ausgehend von den pigmentbildenden Zellen der Basalzellschicht der Haut
Pathologie:	Ektodermale Tumoren

Pigmentnaevus (Naevuszellnaevus)

Definition:	Kongenitale Hautflecken, benigne
Symptome:	Hellbraune bis schwarze Flecken Beetartig erhaben oder höckerig Behaarung möglich (Tierfellnaevus)
Therapie:	Exzision

Malignes Melanom

Ätiologie:	Intradermaler Pigmentnaevus Präkanzeröse Melanose
Symptome:	Rasch wachsend Knolliger braun-schwarzer Tumor Ulzera Früh hämatogene und lymphogene Metastasen
Besondere Hinweise:	Keine Probeexzision (innige Beziehung zu Gefäßen)

Diagnose: Thormälen-Probe im Urin (Melanin)

Therapie: Radikaloperation und Lymphadenomektomie
Strahlentherapie:
Adjuvant mit Operation
Palliativ bei inoperablen Fernmetastasen
Chemotherapie: palliativ bei Fernmetastasen

Tumoren der peripheren Nerven

Pathologie: Aus ektodermalen Schwannschen Zellen

Neurinom

Definition: Benigner Tumor der Schwannschen Zellen mit Kapsel

Symptom: Weiche Schwellung

Differentialdiagnose: Fibrom

Prognose: Entartung möglich

Therapie: Exzision

Neurofibrom

Definition: Tumor der Schwannschen Zellen und des Endo- und Perineuriums

Symptom: Weiche Schwellung

Therapie: Exzision

Neurofibromatosis Recklinghausen

Definition: Multiple, knotige und lappige Gebilde

Störungen des hämatopoetischen Systems

Anämie

Definition: Erkrankung des blutbildenden Systems mit Verminderung der Erythrozytenzahl

Symptome:
Müdigkeit
Blässe von Haut und Schleimhaut
Hämatome
Petechien
Parästhesien
Plummer-Vinson-Syndrom
Möller-Hunter-Glossitis
Rhagaden

Therapie: Internistisch

Polyzythämie

Polycythaemia vera

Definition: Systemerkrankung mit medullärer und extramedullärer Proliferation von Erythrozyten, Leukozyten, Thrombozyten

Symptome:
Gesichtsröte
Teleangiektasien
Periphere Durchblutungsstörung

Leukopenie

Definition: Verminderung der Leukozytenzahl

Ätiologie:
Physikalische oder chemische Noxen
Idiosynkrasie gegen Drogen
Infekt
Kachexie
Kollagenosen

Symptome:
Zusammenbruch der Infektabwehr
Ulzera mit Nekrosen
Gingivitis
Fieber

Therapie:
Antibiotika
Kortikoide

Leukämie

Definition: Erhöhung der Leukozytenzahl

Ätiologie:
Strahlen
Genetisch
Benzol

Symptome:
Fieber
Schwäche
Lymphknoten- und Milzschwellung
Resistenzverlust → Infekt
Pruritus und Urtikaria
Spontanblutung
Gingivitis
Ulzera mit Nekrosen
Knotige Infiltrate

Differentialdiagnose: Ulzerierende Gingivo-Stomatitis

Akute nekrotisierende ulzeröse Gingivitis

Therapie:

Chemotherapie
Bestrahlung
Zahnreinigung und Spülung

Hämorrhagische Diathese

Definition:	Abnorme Blutungsneigung aus Kapillaren

Koagulopathien

Ätiologie:	Fehlen oder Dysfunktion proteinhaltiger Gerinnungsfaktoren
Diagnose:	Blutungszeit normal Gerinnungszeit ↑

Hämophilie A (B)

Definition:	Faktor VIII fehlt (X-chromosomal rezessiv) (Faktor IX fehlt)
Symptome:	Blutung nach Extraktion Gelenkblutung

Thrombozytopathien

Definition:	Thrombozytopenie oder Thrombozytopathie
Symptome:	Spontanpurpura Schwere Blutung nach Mikrotrauma
Diagnose:	Blutungszeit ↑ Gerinnungszeit normal
Ätiologie:	Hereditär

	Symptomatisch bei: Leukosen Aplastische Anämie Toxisch Allergisch Medikamentös

Morbus Werlhoff

Definition:	Allergische, thrombozytopenische Purpura
Ätiologie:	Antikörperbildung gegen autologe Thrombozyten
Symptome:	Petechien Haut- und Gingivablutungen

Vasopathien

Pathologie:	Erhöhte Fragilität der Gefäßwand
Diagnose:	Blutungszeit normal Gerinnungszeit normal Thrombozytenzahl normal
Symptome:	Spontanpurpura
Ätiologie:	Vitaminmangel Hereditär Hormonell Infekt Toxisch

Morbus Osler

Definition:	Teleangiectasia hereditaria haemorrhagica
Symptome:	Teleangiektasien Sekundäre Blutungsanämie

Sachverzeichnis